Awake!
어웨이크

어웨이크

초판 1쇄 인쇄 2017년 6월 9일
초판 1쇄 발행 2017년 6월 16일

지은이 김수현
펴낸이 백유미

Publishing Dept.
CP 조영석 | **Chief editor** 박혜연 | **Editor** 이주영 조현영
Marketing 이원모 조아란 방승환 | **Design** 문예진 엄재선

Education Dept.
Chief Creator 김주영 이정미 이하영

Management Dept.
Manager 박은정 임미현 윤민정

펴낸곳 라온북
주소 서울시 서초구 효령로 34길 4, 프린스효령빌딩 5F
등록 2009년 12월 1일 제 385-2009-000044호
전화 070-7600-8230 | **팩스** 070-4754-2473
이메일 raonbook@raonbook.co.kr | **홈페이지** www.raonbook.co.kr

값 13,800원
ISBN 979-11-5532-283-3(13320)

이 책은 저작권법에 따라 보호를 받는 저작물이므로 무단전재 및 복제를 금지하며, 이 책 내용의 전부 및 일부를 이용하려면 반드시 저작권자와 (주)니카 라온북의 서면동의를 받아야 합니다.

* 라온북은 (주)니카의 출판 브랜드입니다.
* 잘못된 책은 구입한 서점에서 바꾸어 드립니다.

이 도서의 국립중앙도서관 출판시도서목록(CIP)은 서지정보유통지원시스템 홈페이지(http://seoji.nl.go.kr)와 국가자료공동목록시스템(http://www.nl.go.kr/kolisnet)에서 이용하실 수 있습니다. (CIP제어번호 : CIP2017012315)

라온북은 독자 여러분의 다양한 아이디어와 원고 투고를 설레는 마음으로 기다리고 있습니다. 머뭇거리지 말고 두드리세요.

보내실 곳 raonbook@raonbook.co.kr

내 안의 긍정을 깨우는
8개의 주문

김수현 지음

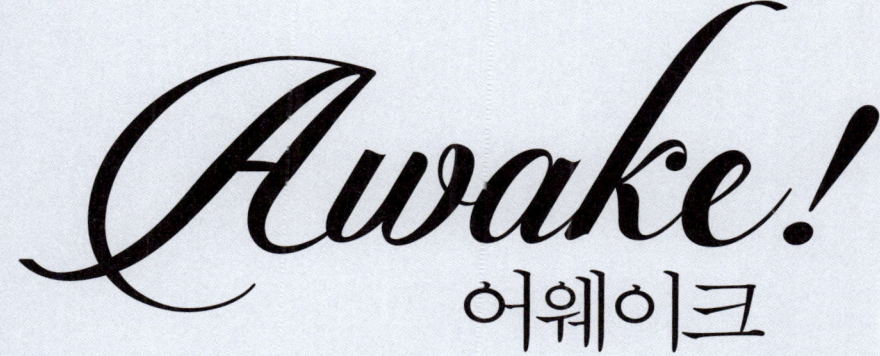
어웨이크

RAON BOOK

프롤로그

다른 사람을 부러워만 하지 마세요

자기계발서를 읽어도, 너무나 좋은 명강연을 듣고도 나는 왜 나 자신이 원하는 대로 쉽게 변화되지 않는 것일까요? 여러 가지 원인이 있겠지만, 그 중 가장 큰 이유는 '저 사람이니 가능했지! 설마 내가 해낼 수 있겠어?'라는 위축감 가득한 생각 때문일 것입니다. 책을 펴내고 무대에서 강연하는 사람을 보면 정말 대단해 보이지요. 그 사람에 비하면 여태껏 나는 얼마나 문제가 많고 의지가 약했던 사람이었는지요? 그러니 아무리 좋은 말을 듣고 감동을 받는다고 하더라도 '그래요, 정말 대단하고 멋져요. 좋은 말씀 감사합니다. 그럼 저는 이만…' 하고는 책을 덮고 나는 또다시 예전과 같은 나로 돌아옵니다.

저 또한 많은 사람들을 코치하며 더 나은 삶으로 인도하기를 자처하며 살아왔지만 스스로 문제가 많은 나 자신을 발견했을 때, 원하는 대로 의지가 작용하지 않았을 때에는 누구보다도 크게 위축되고 자책하며 살아왔습니다. 하지만 더 많은 사람들을 만나고, 더 많은 책과 미디어를 접하면서 위축과 자책은 서서히 스스로에 대한 격려와 '나도 할 수 있다!'라는 응원으로 변해가기 시작했지요.

대기업의 CEO들을 코치하는 세계적으로 유명한 작가이자 강연가들도 '변화' 하는 것이 얼마나 어려운 것인가를 어필하며, 스스로도 코치 비용을 지불하고 가이드를 받고 있다고 솔직하게 고백합니다. 완벽하고 부족할 것 없어 보이는 유명한 연예인들도 심리적으로 혹은 경제적으로 얼마나 어려운 시간을 겪어 왔고 또 겪고 있는지를 이야기합니다. 연예인들의 일상을 들여다 볼 수 있는 방송에서 우리는 그들도 우리와 전혀 다를 바 없는 삶을 살고 있다는 것을 여과 없이 볼 수 있지요.

코치를 의뢰하는 분들 중에는 종종 '아니, 이런 분에게 과연 부족한 것이 있을까?'라고 생각될 때도 있습니다. 그러나 그들도 역시 우리와 똑같은 일상의 크고 작은 스트레스와 고민들로 하루하루를 살아갑니다. 그렇습니다. '나도 책을 쓸 수 있다!'라고 격려할 수 있었던 계기가, '나도 변화할 수 있다!'라고 자신감을 가질 수 있었던 그 계기가 바로 우리는 모두 똑같이 크고 작은 많은 문제들을 안고 살아가는 존재라는 것을 인정하게 되면서부터입니다. 누가 더 잘났고 못나고 가 아닌, 그저 똑같이 부족함이 많은 존재들이라는 것을 깨닫게 된 것입니다. 그 문제점과 부족함이 서로 다르기에 우리의 인생이 이렇게 다채로운 것이겠지요.

똑같이 부족한 존재가 아니라고요? 누구누구의 SNS를 보면 항상 웃고 있고 행복해 보이며, 화려하고 완벽한 존재처럼 보인다고요? 이렇게 생각해 봅시다. 혹시 아주 행복했던 때를 떠올려 볼 수 있을까요? 사랑하는 사람의 눈을 바라보고 있거나 아름다운 자연 속에 심취해 있을 때, 내가 좋아하는 무언가에 몰입되어 있거나 그런 가슴 깊이 가득한 행복한 기분에 사로잡혀 있을 때를 말이죠. 그 순간에 몰입되어 있는데, 그때 우리는 '무언가를 해야 되겠다'라고 생각을 했었던가요? 이 행복을 남들에게 보여주기 위해 무언가를 해야만 했나요? 언제나 보여주어야만 하는 행복이 과연 얼마나 진실하며 깊고 투명할까요?

실제로 SNS를 하는 많은 사람들은 상대적 박탈감과 우울감을 느낀다고 합니다. 왜냐하면 늘 남들이 부러워할 수 있도록 보여야하고 인생이 멋져 보여야하기 때문입니다. 하지만 사진 속에서는 너무나 밝게 그리고 인형같이 예쁘게 웃고 있지만 실제로는 그렇게 행복하지 못하고 사진처럼 예쁘지 못한 자신과 마주한다면 과연 어떤 심정일까요? 환하게 웃고 있는 사람도, 그 환한 웃음에 초라함을 느끼는 사람도 모두 다 각자 자신들만의 사연과 문제점을 안고 살아간답니다. 그것을 진심으로 인정하게 되고 마음 깊이 받아들이게 되는 순간, 비로소 나와 남들과의 비교가 사라지고 그것은 그들의 인생이며 나의 것은 온전히 나의 인생이 되기 시작합니다.

하지만 이렇게 똑같이 문제가 많은 인생에서도 분명 더 행복하고 덜 행복한 사람은 있습니다. 누구나 구멍이 숭숭 뚫려있는 문제가 많은 토지에서 경작을 합니다. 그런데 누군가가 먼저 토지를 메워나가고 탐스런 결과물을 일궈내면 자꾸 그 쪽으로 시선이 흔들리는 법이지요. 내가 가진 것이 초라해 보이고 저쪽 것이 더 좋아 보이는 법입니다. 그러면서 의욕이 사라지기 시작합니다. 이미 가지고 있던 싱그럽게 피어나오는 새싹마저 의미 없이 밟아버리는 일까지 생겨버립니다. 외국 속담에도 '우리 쪽 잔디가 아닌 다른 쪽 잔디가 언제나 더 푸르다'(The grass is always greener on the other side.)라는 말이 있듯이 말이죠.

그럼에도 그 누군가는 묵묵히 자신의 시선을 남에게 돌리지 않고 열심히 자신의 땅에 물을 주고 거름을 줍니다. 필요 없는 잡초를 뽑아내고 추운 겨울을 대비해 바람막이도 세우지요. 그러니 탐스런 경작물이 생겨나지 않을 수가 없습니다. 똑같이 문제가 많은 우리의 인생도 그렇습니다. 누군가는 시선을 밖으로 돌리지 않고 자기 스스로에게 필요한 것이 무엇인지를 먼저 살핍니다. 구멍 난 것을 메워주고 찢어진 것은 튼튼하게 여미지요. 그래서 성공한 사람들이 더 많은 책을 읽고, 더 많은 자기계발 프로그램에 몰두하며, 더 많은 혼자만의 시간으로 고찰과 성장을 꾀하는 것입니다.

이미 성공한 코치가 다른 사람의 코치를 받는 것을 당연하게 여기며, 이미 훌륭한 선생님들이 더 많은 배움을 찾아 나서 듯 말입니다. 문제가 많은 나 자신을 알기에, 남에게 시선을 돌리지 않고 나의 부족함이 성장의 밑거름이 될 수 있는 방법을 찾아 나서는 것입니다. 뿐만 아니라 그들은 그 여정을 즐기기까지 합니다. 우리도 멈추지 말고 즐겨봅시다! 어차피 구멍 숭숭 난 우리의 인생이니, 발이 빠지기도 하고 넘어지기도 할 겁니다. 하지만 한번 빠지면 다시 발이 빠지지 않도록 나만의 방법으로 공사를 해 나가고 조금씩 다듬어져 나가는 길을 보며 끊임 없이 격려하고 그 과정을 즐길 수 있는 나로 만들어 가 봅시다.

이 책에서 보여주듯 저도 구멍투성이입니다. 구멍투성이인 한 인간이 어떻게 구멍을 메꾸며 나가기 위해 노력했는지, 그리고 언제나 새롭게 생기는 구멍에 어떻게 대처했는지를 솔직 담백하게 보여드리고 싶었습니다. 더불어 책을 덮고 나서도 언제나 듣고 따라 해 보며, 스스로를 코치하고 소중한 인생에서 깨어 있을 수 있는 여러 가지 방법도 찾아내어 적어 보았습니다. 바로 이 책 제3장에는 사례별 다양한 방법이 적혀져 있습니다. 새롭고 강해지고 싶을 때, 자신감 있게 말하고 싶을 때, 외면뿐만 아니라 내면의 아름다움까지 모두 겸비하고 싶을 때, 모든 스트레스와 두려움을 극복하고 싶을 때, 언제 어디서나 성공적인 삶을 이루고 싶을 때 바로 적용할 수 있는 방법을 말입니다. 누구나 쉽게 들으며 따라할 수 있게, 누구나 쉽게 들으며 도전할 수 있게 오디오 QR코드가 삽입된 긍정의 주문고 이미지 트레이닝이 친절하게 들어가 있습니다.

핀란드에는 매년 자신의 실패를 자랑하는 '실패의 날'이 있습니다. 핀란드에서 시작되었지만, 지금은 전 세계의 뛰어난 지도자들과 CEO들도 실패 경험담을 나누는 세계적인 행사로 번지고 있습니다. 자신의 부족함을 숨기기보다는 그 부족함을 솔직히 인정하고 그것을 토대로 더 나은 나 자신으로 변화하여 더 크게 성장해 나가길 바라며 격려하는 것입니다. 우리 모두는 부족한 점이 있고 늘 불완전함 속에 놓여 있습니다. 하지만 그것이 자책이나 불안이 아닌 인정해주고 받아들이며 더 나은 삶과 더 큰 나로 도약할 수 있는 계기들로 변화해 나가길 바랍니다.

진정한 변화는 이미 소중한 존재 자체인 나 자체가 변화하는 것이 아닙니다. 나의 부족한 문제들이 아름다운 성장의 발판으로 변화하는 것이며, 그 부족한 문제들을 온전히 바라봐주기 위해 남들에게 향한 시선을 나 자신에게로 돌려주는 것입니다. 지금도 저는 이 책에 수록된 내용을 내 것으로 만들어가기 위해 언제나 깨어 있으려고 노력합니다. 그리고 이 책으로 인해 더 많은 사람들이 부족함을 위대함으로 끌어내어 "그래요, 저도 해내고 있어요!"라고 외칠 수 있기를 기원합니다.

우리는 머나먼 나라, 위인의 이야기보다 이웃집의 누군가가 자신의 일을 찾아 시작한 이야기에 더 크게 용기를 얻습니다. 같은 회사의 이대리가 선행을 실천한 이야기에 더 감명을 받지요. 그러니 부족한 점들을 솔직히 밝히려한 한 아줌마의 작은 용기가 다른 누군가의 용기로 이어졌으면 좋겠습니다.

외모와 성격과 지위가 다른 사람은 있어도, 다시 말해 가지고 있는 부족함이 서로 다를지라도 더 가치 있고 덜 가치 있는 사람은 있을 수 없습니다. 우리는 모두 이 세상에 태어난 순간 소중한 생명을 부여 받은 불변의 가치를 지닌 사람들이기에 누가 더 가치 있고 덜 가치 있다고 판단하는 것은 옳지 않습니다. 실수하고 혼나며, 울고 웃고 다치며, 치열 하고 때론 여유 있게 배워 나가는 바로 지금! 부족한 우리의 모습 그대로가 너무나 소중하고 아름답습니다. 그런 나의 부족한 지금 모습 이대로 당신과 만나고 싶습니다.

감사합니다.
그리고 사랑합니다.

김수현 드림

목차

프롤로그: 다른 사람을 부러워만 하지 마세요 • 6

Chapter 1
지금 상황에서 벗어나고 싶은 당신에게
긍정형 인간 vs 부정형 인간, 당신은 누구? • 19
말하는 대로, 생각하는 대로 이루는 법 • 27
선순환은 잇고, 악순환은 끊기 • 34
불평불만은 지금 바로 멈추기 • 44

Chapter 2
매일 긍정을 선택하는 방법
'이해와 긍정' 원하는 것을 얻게 하는 키워드 • 53
'day by day' 매일, 조금씩 더 나아지기 • 62
'이미지 트레이닝' 마음속에서 긍정의 기운을 불러일으키기 • 68
'AWAKE' 언제, 어디서나 긍정으로 나를 깨우기 • 84

Chapter 3
인생을 깨우는 내 안의 긍정 주문
새로워지고 강해지는 나 • 97
  ● 새롭고 강한 나를 만드는 긍정의 주문들
  ● 새롭고 강한 나를 만드는 이미지 트레이닝

자신 있게 말하는 나 · 110
  💧 말 잘하는 나를 만드는 긍정의 주문들
  💧 말 잘하는 나를 만드는 이미지 트레이닝

끌리는 매력이 가득한 나 · 124
  💧 미소 가득한 나를 만드는 긍정의 주문들
  💧 미소 가득한 나를 만드는 이미지 트레이닝

건강해지고 아름다워지는 나 · 137
  💧 식습관을 바꾸는 긍정의 주문들
  💧 식습관을 바꾸는 이미지 트레이닝

스트레스와 두려움에서 자유로워지는 나 · 150
  💧 삶의 공포에서 벗어나는 긍정의 주문들
  💧 삶의 공포에서 벗어나는 이미지 트레이닝

언제 어디서나 성공과 함께하는 나 · 164
  💧 창의력을 자극하는 긍정의 주문들
  💧 창의력을 자극하는 이미지 트레이닝

나이 들수록 지혜로워지는 나 · 177
  💧 똑똑해지고 지혜로워지는 긍정의 주문들
  💧 똑똑해지고 지혜로워지는 이미지 트레이닝

잘 자고, 잘 웃고, 잘 사는 나 · 188
  💧 하루의 삶을 잘 마감하는 긍정의 주문들
  💧 하루의 삶을 잘 마감하는 이미지 트레이닝

끝내고 싶지 않은 이야기: 보이지 않는 것의 힘 · 201

에필로그: 변화된 미래의 나 · 208

Chapter 1

지금 상황에서
벗어나고 싶은
당신에게

긍정형 인간 vs 부정형 인간, 당신은 누구?

여기 대구에 살고 있는 김모양이 있습니다. 초등학교 5학년 무렵부터 나타나기 시작한 알레르기성 비염은 나날이 심해져 그녀의 정상적인 삶을 불가능하게 했습니다. 마치 수도꼭지를 틀어 놓은 듯 끓임 없이 흐르는 콧물과 벌겋게 달아올라 간지러운 눈에 흘러내리는 눈물 그리고 쉴 새 없이 내리치는 재채기는 그녀의 일상을 엉망으로 만들었습니다. 아침에는 유독 더 심했기에 눈을 뜨자마자 휴지 한 통을 모두 써 버려야 할 지경이었습니다. 때문에 코는 언제나 헐어 있었고 정신은 점점 멍해져 갔지요.

고통스러운 마음에, 그녀는 매일 밤 잠들기 전에는 다음날 아침에 눈을 뜨지 않게 해 달라고 간절히 기도하며 잠들었습니다. 하지만 변함없이, 그녀에게 그토록 잔인했던 아침은 또다시 찾아왔습니다. 그러면 그녀는 분노하며 질문했지요. '왜 나에게 이런 시련을 주시나요?', '왜 나에게 이런 고통을 끊임 없이 주시나요?' 라고 말입니다. 그녀의 일상은 늘 답답함과 짜증으로 가득했습니다. 그녀에게 이런 고질적이고 가혹한 증상이 찾아오기 시작한 건, 아마도 그녀가 끔찍한 사고를 당할 뻔한 그 즈음이었던 것 같습니다.

여느 때처럼 학원으로 향한 그녀는 이층 계단을 다 오르기도 전, 괴한에게 입을 틀어 막힌 채 계단 중간에 있던 화장실로 끌려갔습니다. 괴한은 그녀에게 칼을 들이대며 옷을 벗도록 시켰습니다. 마침 그때 누군가 화장실을 노크했고, 괴한은 그녀에게 여기 꼼짝 말고 있으라는 말을 남기고 주위를 살피러 밖으로 나갔습니다. 하지만 그녀는 그대로 있다간 괴한의 칼에 찔려 죽을 것이라는 생각에, 옷을 챙겨 입을 경황도 없이 문을 박차고 거리로 뛰쳐나갔습니다. 그리고 지나가는 사람들을 붙잡으며 살려달라고 외쳤습니다.

사람들은 발가벗은 그녀를 보며 당황해하기만 했고, 이에 그녀는 눈앞에 보이는 우체국으로 다급히 뛰어 들어갔습니다. 우체국 여직원은 옷걸이에 걸려있는 자신의 겉옷을 그녀에게 급히 걸쳐주고는, 전화번호를 물어 그녀의 집으로 전화를 걸었습니다. 집에는 마침 그녀의 언니가 있었고, 여직원은 그녀의 언니에게 옷가지를 가져오라고 말했습니다. 며칠 후, 그녀는 뉴스를 통해 같은 지역의 화장실에서 성폭행을 당하고 죽임을 당한 자기 또래 소녀의 사건 소식을 보게 됩니다. 그녀는 이불을 뒤집어 쓰고 파르르 떨리는 입술로 그녀가 가장 좋아하는 동요를 부르고 또 불렀습니다. "풀냄새 피어나는 잔디에 누워 새파란 하늘과 흰 구름 보면 가슴이 저절로 부풀어 올라 즐거워 즐거워 노래불러요"라고 말이죠.

그날 이후 그녀는 거의 매일 밤 꿈에서 괴한을 만나 칼에 찔립니다. 현실에서는 무사히 도망쳤지만, 꿈에서는 발 한걸음도 떼어지지 않았습니다. 그녀의 세상은 풀냄새도, 새파란 하늘과 흰 구름도 모두 사라졌습니다. 방송부 활동을 즐겨 했던 그녀의 꿈은 아나운서였습니다. 하지만 그날 이후 성장할 때까지 뉴스에 대한 강한 거부감이 생겼습니다. 성인으로 성장한 그녀는 대학과 취업을 위해 대구에서 서울로 거처를 옮겼습니다.

대학생이 된 그녀는 이제 모든 것을 본인의 힘으로 해결하기 위해 과외와 알바를 병행했습니다. 그럼에도 등록금을 마련하고 옷 한 벌 장만하기가 힘겨웠지요. 뿐만 아니라 그녀는 남들이 일생에 한번 만나기도 힘든 칼 든 괴한을 한 번 더 마주하게 됩니다. 자취방에 몰래 침입한 괴한은 그녀에게 칼을 들이밀었습니다. 괴한의 칼이라면 그녀가 이미 꿈에서 너무나도 많이 찔려보았지요. 그래서인지 그녀는 '이런 놈에게 당하고 죽임을 당하느니 그냥 죽자'라는 생각에 그 칼을 손으로 움켜쥐었습니다.

그녀의 손가락에서는 피가 뚝뚝 흘렀습니다. 다행히 괴한이 미숙한 초범이었는지, 그녀의 그런 모습을 보고 오히려 놀라 달아나버렸습니다. 사건을 담당한 형사들은 연약한 여성이 어떻게 그렇게 대범하게 대응할 생각을 했냐며 대단하다고 혀를 찼습니다. 그녀는 아무 말도 하고 싶지 않았습니다. 그녀는 손가락 봉합 수술을 받기 위해 수술대 위에 누운 채 속으로 울부짖었습니다. '도대체 왜! 왜! 왜 이렇게 나를 괴롭히는 건가요?'

직장에서 그녀가 맡은 일은 매우 고됐습니다. 아직 20대였지만, 몸과 마음은 이미 예정된 삶을 다 산 사람처럼 노곤해지고 지쳐만 갔습니다. 그 무렵 알레르기성 피부염 증세가 나타나기 시작했습니다. 피부염 증세가 나타나는 곳은 가려워 견딜 수가 없었습니다. 부어오르기도 하고 진물이 생겨 흐르기도 했습니다. 그런 증상이 생길 때마다 그녀는 살아가는 것이 너무나 지겹고 힘들게만 느껴졌습니다. 그리고 그녀는 결혼을 하게 되었지요.

그녀의 남편은 중학교 때 아버지를 여의고, 어린 동생과 충격으로 힘들어하시는 어머니를 뒷바라지해야 하는 가장이었습니다. 때문에 그녀의 남편은 우유배달, 신문배달, 새벽시장의 과일 운반까지 해 가며 힘든 인생을 살아왔지요. 그들의 첫 보금자리는 바퀴벌레가 가득한 어둡고 칙칙한 반지하 방이었습니다. 결혼을 하고 잠깐의 경력단절이 있었던 그녀에게 재취업의 길은 열리지 않는 문이었습니다.

수없이 이력서를 보내도 면접의 소식은 단 한 번도 들려오지 않았습니다. 그러다가 간신히 얻은 면접의 자리에서 "가임 적령기에 있는 결혼한 여성을 고용하기는 참 어려운 일이다"라는 말을 듣게 되었습니다. 그녀에게 세상은 불공평하고 냉랭하며 따뜻한 기회 한번 내밀어 준 적 없는 야속한 곳이었습니다. 그녀에게 세상은 부유하게 태어나지 않은 탓, 건강하지 못한 탓, 알아주지 않는 탓, 이런 탓 저런 탓 할 것들이 풍성한 곳이었습니다.

이번에는 다른 여성의 이야기를 해 볼까요? 경기도 한 외곽 지역에는 Smiley Sue(이하 스마일리 수)라고 불리는 40대 여성이 살고 있습니다. 그녀는 한 아이의 엄마이자, 어학원과 요가원 그리고 코칭센터 등 여러 사업체들의 대표입니다. 그래서인지 그녀는 매일매일 아주 바쁜 삶을 살아가지요. 하지만 그녀는 꾸준히 하는 운동 덕분인지, 항상 즐겁게 생활하는 덕분인지 주변으로부터 "어떻게 점점 더 젊어지고 건강해집니까?"라는 기분 좋은 질문을 받으며 몸과 마음은 20대 못지않은 활기와 생기로 가득 차 살고 있습니다. 그녀의 학생들이 지어준 스마일리 수라는 이름처럼, 그녀는 하루하루가 웃음입니다.

가족들의 희망사항을 모두 담아 지은 마당이 넓은 2층 집에는 추운 겨울에도 맑은 하늘 창 사이로 따사로운 햇살이 가득 들어찹니다. 벽난로 앞에서 가족들이 둘러 앉아 책을 읽거나 그림을 그리고 있으면 가슴 벅찬 충만함으로 저절로 행복한 미소가 지어집니다. 2층에는 스마일리 수와 남편 그리고 딸이 살고 있으며, 1층에는 시부모님이 함께 어울려 살고 있습니다. 솜씨 좋은 시어머니의 군침 도는 음식 향기가 집안에 퍼지기 시작하면 가족들이 모여 앉아 담소를 나누고 음식을 나눕니다.

장남인 그녀의 남편을 19살에 낳아 아직 며느리만큼이나 젊은 시어머니는 집안일에 서툰 철없는 며느리가 아무 걱정 없이 일할 수 있도록 요리와 집안일을 도맡아 해주십니다. 자상한 그녀의 남편은 연애할 때에나 결혼한 지 10년이 넘은 지금에나 여전히 그리고 변함없이 아내를 사랑하고 아이에게 최선을 다하는 좋은 남편이자 좋은 아빠입니다.

시댁과 친정이 사이가 좋은 덕에 일 년에 한 두 번은 양가 가족들이 함께 모여 시끌벅적 자유 여행을 떠납니다. 캐나다, 호주, 영국, 태국 등 다양한 나라의 거주 경험이 있는 그녀와 해외 마케터로 일하는 남편은 가이드 역할르 정신이 없지만 부모님이 행복해 하고 아이가 즐거워하는 모습에 어떠한 수고도 마다하지 않습니다. 그녀는 생각합니다. '어떻게 모든 것이 이토록 완벽할 수 있을까!'라고 말이죠.

집안의 가득한 사랑은 그녀의 일터에도 이어집니다. 어느 사업체마다 골치를 앓게 만드는 고객이나 회원들이 한두 명씩 있다지만, 그녀의 센터들에는 가슴 따뜻한 회원들과 학생들만 모여드는 듯 합니다. 오가는 길에 샀다며 간식거리를 잔뜩 내미시기도 하고, 반찬들을 새로 만들었다며 가져다주시기도 합니다. "어떻게 이렇게 인복이 좋나요?"라는 질문을 종종 받을 정도로 함께하는 직원들은 좋을 때나 힘들 때나 그녀와 항상 함께 해 줍니다.

그녀가 힘들 떠는 따뜻하게 손을 잡아 주고 힘이 불끈 솟아나는 응원의 메시지도 보내줍니다. 그녀처럼 웃음 가득한 직원들은 언제나 그녀의 자부심이 되지요. 덕분에 그녀는 가슴이 이끄는 좋아하는 일이라면 어떤 분야든 두려움 없이 도전하여 사업을 성장시켜 나갈 수 있었습니다. 그녀는 순간순간 이런 질문을 하게 됩니다. '어떻게 이렇게 항상 좋은 사람들과 함께 있을 수 있는 것일까?', '왜 이렇게 일상에 감사하고 즐거운 일이 많은 것일까?'라고 말입니다.

말하는 대로, 생각하는 대로 이루는 법

"My mama always said life was like a box of chocolates. You never know what you're gonna get."

인생은 초콜릿 상자와 같아서 어떤 것을 갖게 될지 알 수 없다.

― 영화「포레스트 검프」中

아무리 알 수 없는 것이 인생이라지만, 세상 참 불공평 하지 않나요? 김모양과 스마일리 수는 같은 하늘 아래 살고 있지만 서로 너무나 다른 인생 안에 있습니다. 그런데 정말로 세상은 불공평한 곳일까요? 서로가 이렇게 다른 환경과 조건 속에 살아간다는 이유만으로, 세상은 그저 불공평한 곳이라고 단정 지어 말할 수 있을까요? "당연히 불공평하지요!"라고 여러분이 쉽게 대답해

버리기 전에 한 가지 고백할 게 있습니다. 이미 눈치 채셨을 지도 모르지만, 김모양과 스마일리 수는 같은 사람입니다. 바로 '저'의 이야기죠. 김모양은 스마일리 수의 10~20대 모습이고, 스마일리 수는 김모양의 30~40대 모습입니다.

드라마보다 더 드라마 같은 반전이라고요? 네, 맞습니다! 때문에 가족들과 친구들은 그 큰 변화에 대해 한 마디씩 해주죠. "우와~ 매일 눈물 콧물 찔찔 짜며 여기저기 병원순방 다녔던 너인데...", "눅눅하고 컴컴한 지하 방에 살며 제일 가난했던 너희 커플인데..."라고 말입니다. 저의 학생들-20대 이상의 성인들-에게도 저의 과거를 말해주면, "에이~ 선생님, 설마요..." 하고 고개를 절레절레 흔듭니다. 그러면 저는 웃음기를 싹 거두고 무표정을 보여주죠. 저의 무표정에는 꽤 오랜 시간 '내일 아침에는 눈 뜨지 말게 해 주세요'라고 기도하며 잠들었던 우울하고 비관적인 김모양의 모습이 여전히 또렷하게 남아있지요. 때문에 학생들은 "아, 그럴 수도 있겠네요. 아니, 그럼 어떻게 이렇게..."라고 지금과 같이 변하게 된 이유를 궁금해 합니다.

물론 저도 한 순간에 뿅! 하고 마법 부리듯 변한 것은 아닙니다. '아, 징글징글한 이 삶이 너무 싫다. 오늘부터 변해야지!' 하고 단번에 성공한 것도 아닙니다. 제가 이 책에서 말하고자 하는 것은 바로 징글징글하게 싫은 것들로 가득했던 김모양의 삶에서 지금의 행복과 축복이 가득한, 즉 징글징글하게 좋은 것들로 변화된 스마일리 수의 삶으로 바뀌게 된 방법을 여러분에게 속 시원히 알려드리려고 합니다. 아무래도 저의 이야기를 하다 보니 커피 값 5,000원으로 시작해 돈 한번 빌려보지 않고 맨손으로 꾸준히 지금의 다양한 사업을 일궈온 한 여성 사업가의 성공 스토리도 조금은 포함되어 있겠네요. 자, 그러면 본격적으로 이야기를 시작해 볼까요?

'징글징글'은 참 묘한 표현입니다. '징그럽다'라고 말하면 분명히 싫은 것이 맞긴 한데, '징글징글'이라고 하면 싫은 것 같으면서도 싫은 게 아닐 수도 있는 경계가 아리송한 표현이 됩니다. 주머니에 손을 넣고 인상을 잔뜩 찌푸린 채 "진짜 징글징글하게 싫다!"라고 말하면, 이것은 정말로 징글징글하게 싫은 것이겠죠. 그런데 만약 똑같이 주머니에 손을 넣고 미소를 살짝 띤 얼굴로 "진짜 징글징글하게 너무 좋아!"라고 말하면, 이것은 정말로 좋다는 표현인 겁니다. 영어에서 'Jingle'(징글)은 종들이 경쾌하게 딸랑 거리는 의성어입니다.

징글징글하게 싫은 것들로 가득했던 당시 김모양은 "가임 적령기에 있는 결혼한 여성을 고용하기는 참 어려운 일이다"라는 어느 사장님의 현실적인 조언을 듣고 '그냥 스스로 일을 만들자'라고 다짐합니다. 그리고는 커피숍에서 7명을 모아놓고 영어 회화를 가르치기 시작했지요. 여기서 잠깐! 그토록 우울하고 절망적인 김모양이 어떻게 영어는 잘하게 되었을까 하고 궁금해 하실까봐 그 배경을 잠시 설명하겠습니다.

김모양의 대학졸업 후 첫 직장은 케이블 미디어 회사의 PD였습니다. 입사 후, 바로 뉴스를 만드는 보도국과 일반 프로그램을 만드는 제작국으로 갈리게 되었지요. 이에 김모양은 '제발 보도국만은 안 가게 해 주세요'라고 간절히 기도했습니다. 왜 뉴스만은 피하고 싶었는지 알고 계시죠? 그러나 모든 일이 징글징글하게 안 풀리던 김모양은 제작국이 아닌 보도국으로 발령이 납니다. 뉴스 기사를 접하고 촬영하며 편집하는 모든 일들이 김모양에게는 힘들었습니다. 아니, 고역이었습니다. 때문에 열심히 돈을 모아서 해외 배낭여행을 할 것이라는 꿈으로 하루하루를 버텼습니다.

자유로운 여행을 위해서는 유창한 영어 회화가 필수죠. 하지만 시간을 쪼개어 찾아간 원어민 새벽 영어 회화반에서 선생님의 말들이 모두 김모양의 귀에서 그대로 새어 나가고 있다는 사실에 충격을 받습니다. 인사말조차도 자연스레 나누지 못한다는 사실에 결국 혼자 말하기 연습에 돌입했어요. 좋아하는 영화들을 연습 교재 삼아 시각화 훈련과 753연습[1]을 통해 꿈꾸던 자유로운 말하기에 근접하게 되었고, 해외 배낭여행이 아닌 아예 캐나다에 해외 취업을 하게 되었습니다. 뿐만 아니라 세계 여행의 꿈도 조금씩 이루어 나갈 수 있었습니다.

김모양 스스로가 완전 초보에서 시작한 영어였기에, 누구보다도 학생들의 마음을 잘 알아 더 효과적으로 가르쳐 줄 수 있다고 생각했습니다. 그 자신감 때문인지 점점 학생 수가 늘었고, 커피숍 테이블을 벗어나 작은 사무실을 얻었으며, 이후 평수를 늘려가며 오늘날 저의 사업은 그렇게 시작되었습니다. 그런데 문제는 여전히 저였죠. 매사에 불평하고 투덜거리며 시도 때도 없이 일이 힘들게만 느껴졌습니다. 그래서 시작한 것이 바로 학생들에게 긍정의 문장들을 가르치기 시작한 겁니다. 그런데 이 긍정의 문장들이 학생들뿐 아니라 제 삶도 서서히 변화시키기 시작한 겁니다.

힘들어서 포기하고 싶을 때에는 'I believe in myself!'(나는 나 자신을 믿어!)라는 말이 어디선가 툭 튀어나왔습니다. 우울해 아

---

[1] 753연습: 「753English」(김수현 저) 참조

무엇도 하고 싶지 않은 기분으로 축 쳐져 있을 때에는 'All good things are coming to me today! Today is the beginning of my new life!'(오늘 모든 좋은 일들이 나에게 오고 있어! 오늘은 내 새로운 삶의 시작이야!)라는 문장들이 어느새 나를 토닥이며 다시 활력을 깨워주고 있었죠. 이 뿐만이 아닙니다.

학생들에게 질문을 할 때에도 긍정을 담아 사용했습니다. "일상에서 좋아하는 것들은 무엇이에요?", "언제 가장 행복하세요?", "당신이 성공할 수 있었던 요인은 무엇이라고 생각하세요?", "영어가 참 빨리 늘고 있어요. 정말 자랑스럽네요. 당신만의 비법이 있나요?", "갈수록 얼굴이 멋져(예뻐) 보여요. 무슨 좋은 일 있으세요?"라고 말이죠. 이런 질문들을 받으면 학생들은 쑥스러워 하면서도 금세 그들의 얼굴에는 기분 좋은 생기가 도는 것을 볼 수 있답니다.

생기는 활기찬 에너지를 끌어오고, 그 좋은 에너지로 인해 더욱 집중하고 몰입하여 연습하는 결과를 끌어낼 수 있는 것입니다. 이렇게 저는 서서히 긍정적인 것들을 생각하고 말하며 행동하는 것이 얼마나 중요한 것인지를 깨달아가기 시작했습니다. 그리고 깨닫는 것을 넘어 일상이 그러하도록 만든 진정한 변화는 징글벨과 함께 찾아 왔습니다.

기쁨을 찾는 기쁨

이해인

평범하고 단조로운 일상생활 안에서
권태나 우울에 빠져들다가도
재빨리 기쁜 쪽으로
방향을 돌릴 수 있는 슬기를
구하고 싶다.

매일 보물찾기라도 하듯이
'기뻐할 거리'를 찾는다면
불평의 습성도 차츰 달아나고 말테지.
기쁨을 찾는 기쁨만으로도
나의 삶은
더욱 풍요로울 것이다.
안에서 만드는 기쁨은
늘 힘이 있다.

선순환은 잇고,
악순환은 끊기

저처럼 삶의 변화를 조금이라도 경험하셨던 분이라면, 아마도 앞의 두 이야기 속에서 '그래, 그래서 이 두 사람-결국은 저 한 사람입니다만-은 서로 다른 삶을 살 수 밖에 없었던 거야'라고 그 이유를 알아내셨을 겁니다. 김모양과 스마일리 수는 같은 사람이나 삶을 대하는 태도는 매우 상반됩니다. 즉 김모양은 '왜 나에게만 이런 시련을 주시나요? 왜 날 자꾸 괴롭히나요?'라며 매사 부정의 질문을 했고, 스마일리 수는 '어떻게 일상이 이렇게 감사하고 즐거운 걸까요?'라며 매사 긍정의 질문을 던졌습니다.

'나는 일이 잘 안 풀려!', '나는 왜 매사 이렇게 일이 안 풀리지?'라는 생각은 모두 부정적인 생각이고 질문입니다. 질문과 답은 사이가 서로 좋든 나쁘든 결국은 하나로 이어진 커플처럼 동일하게 따라옵니다. 그래서 부정적인 질문과 생각에는 부정적인 답과 삶이 딸려오고, 긍정적인 질문과 생각에는 긍정적인 답과 삶이 딸려오게 됩니다. 스스로 질문을 던지고 바로 그 자리에서 답을 불러오지 않는다 하더라도, 반복되어지는 일상의 질문들이니 언제 어디서든 은연중에 답들은 튀어 나오게 됩니다.

부정적인 질문과 답	긍정적인 질문과 답
질문: 나는 왜 이렇게 일이 안 풀리지? 답: 가진 것이 없으니까... 　　도와주는 사람이 없으니... 　　남들보다 재수가 없으니까...	질문: 왜 점점 모든 일이 나아지고 있을까? 답: 요즘은 더 많이 웃으려고 노력하니까! 사소한 일에 신경 쓰지 않고 원하는 목표에 집중하니까!

어찌 보면 이것은 그냥 단순한 생각의 질문들 같지만, 사실 이것은 우리의 일상에 매우 중요한 악순환과 선순환을 만들어 내는 연결고리가 됩니다. 김모양과 스마일리 수의 인생을 바꾼 선순환과 악순환을 표로 관찰하면 확연히 알 수 있습니다.

"Successful people ask better questions, and as a result, they get better answers."

성공한 사람들은 더 좋은 질문들을 하기에, 결과적으로 더 좋은 대답들을 얻게 된다.

― Tony Robbins(토니 로빈슨)

• 김모양의 인생 •

김모양은 아픕니다.

그래서 '왜 나에게 이런 시련을 주시나요?' 라고 부정적인 질문을 합니다.

이 질문을 던지고 나면 짜증스럽고 원망스런 마음이 더 커지게 됩니다.

마음이 편치 않으니 몸도 나아질 기미가 보이질 않습니다.

몸도 마음도 아프고 귀찮으니 주위 사람들에게 짜증도 쉽게 냅니다.

괴팍한 김모양을 주위 사람들은 좋아하지 않습니다.

김모양에게 사람들이 다가오지 않아 따뜻한 마음을 느끼지 못하니 혼자서 고통은 더 커져만 갑니다.

고통 속에 또다시 부정적인 질문을 던집니다. 질문에 대한 답은 역시 원망스러울 뿐입니다.

김모양은 아픕니다.

• 스마일리 수의 인생 •

수가 사업적으로 힘든 일에 부딪쳤습니다.

'이 일은 나에게 어떤 교훈을 던져주는 것일까? 이 일을 극복하게 되면 나의 사업이 어떻게 더 나아져 있을까?'라고 질문합니다.

그렇게 질문하게 되면 의기소침해 지는 대신 적극적으로 질문에 대한 답을 찾게 됩니다.

생각해낸 해결책을 적용해도, 여전히 문제가 해결되지 않습니다. 다시 적극적으로 질문에 대한 답을 찾습니다.

다시 해결책을 적용해도, 여전히 문제가 해결되지 않아도 부정적인 질문으로 빠지지 않습니다.

'이 해결책을 찾게 되면 난 얼마나 더 강하고 멋진 사업가가 되어 있을까?'라고 다시 해결책을 적용해볼 힘이 끌어 올립니다.

그래서 포기하지 않는 사람으로 성장해갑니다.

무엇을 하든 새로운 배움을 얻게 됩니다.

수가 사업적으로 힘든 일에 부딪쳤습니다.

튼튼한 근육으로 만들어 내는 근사한 춤사위, 작지만 웃으면 굉장히 귀여워지는 눈, 가수겸 배우 비가 태양을 피하고 싶어 하며 멋지게 춤을 출 때 저는 그의 열렬한 팬이었습니다. 한국을 넘어 헐리우드까지 진출한 세계적인 스타로 도약하고, 아름다운 미녀 배우 김태희 씨 하고도 결혼한 너무나 완벽해 보이는 그도 너무나 힘든 과거를 고백했었답니다. 너무나 가난하여 어린 나이에 공사장에서 힘든 일을 하며 돈을 벌어보기도 했지만, 결국 치료비가 부족하여 사랑하는 어머니를 하늘나라로 떠나 보내드려야 했던 것이죠.

당시 비는 '왜 세상은 나에게 등을 돌릴까? 다른 사람들은 잘 먹고 잘 사는데, 왜 나만 이렇게 살아야 하는 거지?'라고 부정적인 생각을 했다고 합니다. 심지어 집에 불이 나서 어머니의 유품까지 모조리 사라졌을 때에는 견딜 수 없을 고통에 휩싸였다고 합니다. 그런데 어머니의 장례를 치르고 침대를 들어 올리는데, 그 속에서 어머니의 편지와 통장이 나왔다고 합니다. '동생을 잘 부탁한다'라는 어머니의 당부 섞인 편지와 자녀들을 위해 진통제조차 안 드시고 고통을 견디며 조금씩 모아왔던 돈이 담긴 통장이 바로 그것이었습니다. 이전까지 늘 '왜 나만 이런가?'라고 부정적으로 생각하며 살았던 그는, 어머니의 편지로 인해 '그래, 죽을 때까지 엄마에게 자랑스러운 아들로 남자!'라는 생각으로 전환되었다고 합니다.

　자랑스런 아들이 되고자 하는 생각은 그칠 줄 모르는 맹연습을 낳았을 것입니다. 그래도 여전히 아무것도 가진 것이 없는 그는 배고프고 힘들었습니다. 하지만 오랜 시간 계속된 혹독하고 어려운 연습환경 속에 그가 또다시 던졌을 질문이 '왜 이렇게 힘든 일이 계속되는가?' 였을까요? 아닙니다! 그는 끊임없이 '어떻게 하면 어머니에게 자랑스런 아들이 될 수 있을까?'라는 질문에 집중했습니다. 그리고 그 대답은 '힘들더라도 절대 포기하지 말자!', '노력하자! 끊임없이 노력하자!' 였을 것입니다. 아마 지금은 '자랑스러운 아들뿐 아니라 어떻게 하면 좋은 남편이 될 수 있을까?'를 질문하고 있을지도 모르겠네요.

　만약에 그가 계속 전처럼 '왜 세상은 나에게 등을 돌릴까? 다른 사람은 다 잘 사는데 왜 나만 이런거야?'라고 질문했다면, 그의 대답은 '지겨운 세상, 될 대로 되라지!', '더럽고 불공평한 세상, 열심히 살아서 뭐해!'라며 결국엔 자신 또한 세상에 등을 돌린 채 밝은 태양을 피해가며 살고 있진 않았을까요?

"In times of great stress or adversity, it's always best to keep busy, to plow your anger and your energy into something positive."

스트레스나 역경이 가득한 시기에는 당신의 분노와 에너지를 긍정적인 무언가로 갈아 내기 위해 바쁘게 움직이는 것이 가장 좋다.

— Lee Iacocca(리 아이아코카)

30대 중반의 미정 씨는 일상이 슬픔과 짜증으로 가득했습니다. 그녀는 무용을 전공하고 공연에서 주연으로도 여러 번 발탁이 된 실력 있는 무용수였지만, 결혼을 하고 첫 아이를 가지면서부터 일은 그만두었습니다. 그 후로 아이가 하나 더 생겼고, 몸도 많이 무거워졌답니다. 남편과 아이들을 사랑하면서도 가정 때문에 꿈을 잃었다고 생각하니 슬퍼지는 날이 많았습니다. TV에서 무용수들이 공연하는 모습을 보면 괜스레 눈물이 흘렀습니다.

일상에서 미정 씨가 주로 드는 생각은 '왜 이렇게 짜증이 나는 걸까?', '왜 이렇게 답답하지?', '왜 모든 게 다 귀찮은 걸까?'라는 것이었습니다. 그러면 역시 '아이들을 낳아서-몸이 망가져서-결혼 때문에-미래가 없어서' 등의 부정적인 대답들로 그녀의 마음에는 불평과 불만이 더해갔습니다. 삶에 의욕이 없으니 요리와 청소 등 집안일도 소홀 했습니다. 그녀의 짜증은 고스란히 남편과 아이들에게 돌아갔지요.

어느 날 저녁, 그때도 평소처럼 미정 씨는 남편에게 퉁퉁거리고 아이들에게 소리치며 짜증을 냈습니다. 그럴 때면 남편과의 다툼으로 돌아누워 자는 것이 일반이었는데, 그날은 남편도 화가 단단히 났지요. 남편은 그동안 닿아놓은 감정을 한꺼번에 털어버리려는 듯 집안이 떠나가게 소리쳤습니다. "도대체 우리가 무슨 잘못을 했기에 이러는 거야? 우리가 그렇게 싫으면 없어져 줄께!" 하고는 아이들을 데리고 집을 나가버린 것입니다. 갑자기 모든 것이 텅 비어 버렸습니다. 집도, 미정 씨의 마음도 말이죠.

미정 씨는 그동안 자신의 행동들을 하나둘 떠올려 봅니다. 그리고는 자신을 비롯해 자신이 사랑하는 사람들과 소중한 것들에게 그동안 얼마나 많은 고통을 주고 힘들게 했는지 마음 저리게 깨달았지요. 그녀는 스스로 변화하지 않으면 안 된다고 생각하고 결심합니다. 그동안 무관심으로 더럽고 엉망이었던 집을 밤새 새집처럼 깔끔히 청소하고, 남편에게는 사과의 편지도 썼지요. 스스로를 위해 요가도 시작합니다. 무용과는 다르지만 음악에 맞춰 몸을 움직이고 마음에 명상을 하다 보니 점점 기쁨과 평화를 얻게 되었지요.

미정 씨가 요즘 일상에서 갖는 생각은 '왜 이렇게 모든 것이 감사하게 느껴지는 것일까?', '매순간이 이렇게 소중한 것일까?',

'어떻게 모든 것이 점점 완벽해 지는 걸까?' 입니다. 미정 씨는 지금 프리랜서 요가 강사를 준비하고 있습니다. 남편은 점점 건강해지고 날마다 예뻐지는 아내를 더욱 사랑하며, 아이들은 이전보다 훨씬 밝아졌습니다. 미정 씨의 질문처럼, 미정 씨의 삶은 완벽해지고 있습니다.

여러분이 매일의 삶에서 스스로에게 주로 던지는 생각의 질문들은 무엇인가요? 혹 반복되는 그 생각들이 '왜 이렇게 살기가 힘들지?', '어떻게 하면 저 인간을 더 괴롭힐 수 있을까?', '왜 이렇게 짜증나는 일들이 많이 생기는 거야?'라는 부정적인 질문인가요? 아니면 '어떻게 하면 나는 더 강해지고 건강해질 수 있을까?', '왜 일상이 점점 더 평안하고 감사해지는 걸까?', '어떻게 하면 좋은 딸(아들), 좋은 엄마(아빠)가 될 수 있을까?' 등의 긍정적인 질문인가요?

인터넷에는 '헬조선'이라는 용어가 사용되어 집니다. 심지어 기사에 쓰이기도 합니다. 헬조선을 말하는 사람들의 이야기들 속엔 분노와 체념이 가득하지요. 물론 뉴스를 켜면 분노할 일들이 가득한 게 사실입니다. 죄에 상응하는 마땅한 벌을 받아야 할 사람들도 가득하지요. 개선되어야 할 환경이나 시스템도 너무나 많습니다. 하지만 그 개선되어야 할 부분을 개선되게 만들 수 있도록, 몰랐던 그 사실들을 우리가 알게 되고 온 세상에 오픈 되도록 만든 질문은 아마도 '우리는 왜 지옥 같은 곳에서 살고 있나?'가 아닌 '어떻게 하면 이 나라를 더 좋은 나라로 만들 수 있을까?'라고 하는 긍정적인 생각의 질문들이었을 겁니다.

> "Darkness cannot drive out darkness; only light can do that. Hate cannot drive out hate, only love can do that."
> 어둠이 어둠을 몰아낼 수 없고, 오직 밝은 빛만이 할 수 있다. 증오가 증오를 없앨 수 없고, 오직 사랑만이 할 수 있다.
> – Martir Luther King, Jr.(마틴 루터 킹)

지금껏 여러분이 해온 생각과 인생의 질문들은 과연 좋은 일들을 끌어내는 선순환의 연결고리였는지, 또는 나쁜 일들을 끌어내는 악순환의 연결고리였는지를 조용히 앉아 생각해 보아도 좋을 것 같습니다. 그리고 부디 부정이 아닌 긍정의 질문들로 악순환의 연결고리를 과감히 끊어버리고 선순환의 연결고리를 만들어 나가길 기원합니다.

一切唯心造 (일체유심조)
모든 것은 오로지 마음이 지어내는 것이다.

불평불만은
지금 바로 멈추기

　긍정적인 생각과 태도가 좋다는 것은 대부분의 사람들이 잘 알고 있습니다. 하지만 '에이, 무슨 나의 주된 생각의 질문이 고리를 만들어 나쁜 일을 만들고 좋은 일을 만들겠어? 그냥 금 수저로 태어나면 좋은 거고, 흙 수저로 태어나면 억울한 거지'라고 생각합니다. 그리고 이처럼 환경을 원망하는 생각이 점점 더 모락모락 피어나 결국에는 마음 전체를 덮어 버릴 때가 있습니다.

　그러면 이쯤에서 부정과 원망의 불씨를 과감하게 꺼버리면 어떨까요? 다음의 문항을 읽고 선택해 보세요. 더불어 나는 어떤 사람이고, 다른 사람에게는 어떠한 모습으로 보였을 지도 한번 살펴보면 좋을 것 같습니다.

1. 당신은 일자리를 찾고 있습니다.
어떤 상사 혹은 동료와 일을 하고 싶나요?
① 나에게 진심으로 대해주고 신뢰할 수 있는 사람
② 자기 기준대로 남을 판단하고 차별하는 사람

---

2. 당신은 고용주입니다. 어떤 사람을 고용하고 싶나요?
① 밝은 인상으로 적극적으로 배우며 스스로와 회사를 위해 성장하는 사람
② 시키는 일만 겨우 하고 늘 투덜대며 성장의 의욕이 별로 없는 사람

---

3. 당신은 이성 친구를 기다리고 있습니다.
어떤 사람과 함께하고 싶나요?
① 서로가 '다름'을 배려해 주고 웃어주며 믿어주는 그(그녀)
② 쉽게 짜증내고 자신만 아는 이기적인 그(그녀)

---

4. 어떤 선생님의 강의에 등록하고 싶나요?
① 긍정적인 언어와 활기 넘치는 에너지로 학생들을 이끌어 주는 선생님
② 단조로운 톤으로 학생들을 잠으로 이끌어 주는 선생님

---

5. 어떤 친구를 나의 진정한 친구라고 부르고 싶나요?
① 내 말을 들어주고 '괜찮아, 너는 할 수 있어'라고 따뜻하게 말해주는 친구
② 자기 할 말만 하고 불평불만이 가득한 친구

금 수저로 태어나고 부러워할만한 좋은 환경에 있는 사람일지라도 자신만 아는 사람이라면 그 어떤 이도 진정한 친구로서 다가가려 하지 않을 것입니다. 또한 아무리 많이 가졌다 하더라도 감사할 줄 모르고 불평과 분노가 많은 사람이라면 결국에는 그것이 폭력이나 비행 그리고 범죄로 이어져 법의 심판 앞에 무너져 가는 것을 우리는 종종 보아왔습니다. 반면 흙 수저로 태어났어도, 아무리 최악의 환경에 놓여 있어도 긍정적이고 밝은 태도는 그 사람에게 좋은 기회와 많은 사람들이 언제나 다가갈 수 있는 문을 활짝 열어놓게 만듭니다.

"당신이 갖고 있는 것이 당신에게 불만스럽게 생각된다면, 세계를 소유하더라도 당신은 불행할 것이다."

― 세네카

마쓰시타 전기의 마쓰시타 회장은 자신의 성공 비결로 다음과 같은 세 가지를 말합니다. "나의 축복은 말이지 첫째, 어려서부터 매우 가난했다는 점이라네. 그래서 돈의 소중함을 일찍 깨닫고 돈을 벌어야겠다고 다짐을 하여 열심히 돈을 벌었을 뿐만 아니라 효과적으로 사용하는 방법을 터득했지. 둘째, 체질적으로 몸이 약했다는 것이네. 때문에 건강의 소중함을 깨닫고 몸을 항상 소중하게 관리했지. 그래서 90이 넘은 이 나이에도 왕성하게 일하고 있지 않겠나? 셋째, 배우지 못했다는 거네. 못 배웠기 때문에 교만하지 않고 다른 사람의 말을 잘 듣고 배울 점을 찾으면서 지혜를 터득할 수 있었네. 아마 내가 많이 배웠다면 분명 교만하여 독불장군이 되었을 걸세."

이렇게 그는 많은 사람들이 가지고 있는 돈, 건강, 배움에 대한 원망과 불만을 오히려 소중한 것으로 여기고 축복했습니다. 미국 듀크대 정신의학과 연구팀에 의하면, 긍정적인 태도의 사람들은 부정적인 태도의 사람들보다 평균 수명이 42% 더 길다고 합니다. 또한 긍정적인 사람은 스트레스 호르몬 코르티졸 수치를 낮춰 면역성 질환, 심장 질환, 알츠하이머뿐만 아니라 청력 손실을 비롯한 노인성 질환 발병률을 낮춘다고 합니다. 마쓰시타 회장이 90세가 넘은 나이에도 여전히 건강하고 즐겁게 일할 수 있는 이유를 충분히 알 수 있을 것 같습니다.

불만과 원망은 사람들로 하여금 상실감을 부르고 무력하게 만듭니다. 반대로 모든 것이 축복이라고 생각하는 긍정적인 태도는 원하는 것을 끝까지 해낼 수 있는 강한 힘을 주지요. 저 또한 '왜 이렇게 가진 게 없는 거야?', '왜 사람들은 나를 알아주지 않는 거야?', '내가 가진 환경은 왜 이렇게 안 좋은 거야?'라는 원망을 쏟아내고 나면 또다시 그런 환경을 만들 수밖에 없는 무력한 제가 되어 버리곤 했습니다. 하지만 긍정적으로 생각하고 말하기를 되풀이 하다보면 원망보다는 희망을, 포기보다는 의지를 선택하게 되었지요. 그러자 저에게 기회가 찾아오기 시작했고, 삶이 통째로 변하게 된 것입니다.

종합병원이라고 불렸던 제가 건강한 모습으로 변화된 것도 축복이고, 게을렀던 제가 원하던 일들을 시작하고 열심히 해 나가는 것도 축복이며, 작은 일에 화내지 않고 여유로운 제가 되어가는 것도 축복입니다. 부족하고 가진 것이 없었던 저였기에 축복은 상대적으로 많을 수밖에 없는 것이겠지요. 가진 것이 전혀 없더라도 '하하하!' 하고 웃으며, '난 가진 것이 전혀 없었으니 이렇게 조금씩 소유하게 되는 것 자체가 기쁨이구나!'라고 생각하며 기분 좋게 살 수 있으니 얼마나 행복한 지 모릅니다. 결국 이 모든 것이 바로 저의 선택과 결정에 달렸던 것이었습니다.

가지고 있던 것을 모두 잃더라도 '원래 아무것도 없이 벌거숭이로 태어났는데 새롭게 태어나는 기분으로 다시 시작해보자'라고 용기를 내는 것도 여러분의 선택입니다. 반대로 '저 사람은 저렇게나 많이 가지고 있는데 난 이렇게나 없구나. 억울하고 짜증난다'라고 분노하며 사는 것도 여러분의 선택이고 '모두 다 잃었구나! 이제 모든 게 다 끝이다!'라고 포기 하는 것도 여러분의 선택입니다. 모든 것이 다 개인의 선택인 것입니다. 누구의 도움과 어떤 환경의 조건도 필요 없는, 그냥 여러분 자신의 결정입니다.

앞서 5가지 질문에서 나조차도 선택하지 않은 사람, 어떤 사람도 가까이 하고 싶지 않은 사람, 기회를 주고 싶지 않은 사람으로 남아 계속 같은 원망과 불평 속에 살아갈 수도 있습니다. 하지만 바로 지금 부족하고 모자란 부분을 발전시키고 성장시킬 수 있는 소중한 것이라고 여기며 모든 악조건과 열악한 환경 등 원망하던 모든 것들을 오히려 축복으로 바꾸어 누구나 기회를 주고 싶고 함께 하길 원하는 사람으로 변화를 시작할 수도 있습니다. 언제든 어떤 상황이든 스스로 선택하여 승자가 되는 것이지요. 가득한 불평으로 나조차도 징글징글하게 싫은 상황 속에 살아가는 것과 나와 남들의 부족함을 이해하고 사랑 가득한 성장과 축복속에 사는 것, 이 모두 우리의 선택이었고 미래에도 우리의 선택으로 남아 있을 것입니다.

> "즐거움, 만족, 행복을 그려보면서 긍정적인 태도를 가져라. 그러면 자신이 원하는 대로 자신의 긍정적인 희망에 부합하는 사람, 주변 환경, 사건이 찾아올 것이고 그렇게 만들 수 있을 것이다."
>
> — 삭티 거웨인

Chapter 2

매일 긍정을 선택하는 방법

'이해와 긍정' 원하는 것을 얻게 하는 키워드

어느 날, 30대의 회사원인 박승태 씨가 억울한 표정으로 저에게 와서 "선생님, 저는 긍정적으로 사는데 별로 좋은 일들이 안 생기는 거 같아요"라고 질문을 합니다. "왜 본인이 긍정적으로 살고 있다고 생각하세요?"라고 다시 물었습니다. 그는 자신이 평소에 어떤 일에도 '괜찮아, 다 잘 풀릴 거야'라고 생각하며 행동을 했다는 겁니다. 이에 저는 "그럼 일주일간 '괜찮아, 다 잘 풀릴 거야' 대신 '내가 **왜** 괜찮은 걸까? **어떻게** 일이 다 잘 풀리고 있을까?'라는 질문으로 바꿔 생각해 보세요"라고 요청하였지요.

일주일 뒤, 그는 스스로 억울함의 답을 찾은 것 같았습니다. "선생님, 저는 지금까지 스스로 괜찮다고 생각했는데 실제로 '왜?'라고 물으니 사실은 괜찮지 않은 저를 발견하게 되었답니다.

화가 나는 상황에서는 '괜찮아'라고 말해도 여전히 화가 나 있었고, 답답한 상황에서는 여전히 답답했어요. '다 잘 될 거야'라는 것도 변화를 주고 행동하기 귀찮아서 그냥 덮어버리고 넘어가려는 수단으로 썼던 것 같아요. 긍정적으로 사는 삶, 다시 시작해야 할 것 같습니다."

가끔씩 우리는 긍정과 합리화를 뒤섞어 생각하는 것 같습니다. 부조리한 환경 속에서 불공평한 대우와 차별을 받으면서도 혹은 목격하면서도 아무런 행동도 취하지 않고 '괜찮아, 곧 좋아질 거야'라고 생각하고 말하는 것은 자기 합리화이지 긍정의 태도가 아닙니다. 나의 감정이 여전히 화가 나 있고 답답하며 아니라고 외치고 있는데 그 감정에 대한 이해 없이, 그 감정을 돌봐주거나 풀어주지도 않고 덮어버리고는 '괜찮아, 잘 될 거야'라고 무조건 외치는 건 긍정이 아니라 억압입니다.

20대 신입사원 최서현 씨는 긍정을 생각하는 것 자체가 스트레스라고 토로합니다. "자기계발서 등을 읽어서 긍정적으로 생각하고 말하는 게 얼마나 중요한지 아는데 그게 잘 안돼요. 긍정적인 생각보다 부정적인 생각이 훨씬 더 많이 들어요. 부정적인 생각에서 벗어나오려고 하는 게 오히려 더 힘들어요."

10여 년 전, 세계적으로 '끌어당김의 법칙'의 열풍을 일으킨 「시크릿」을 기억하시나요? 물론 지금도 여전히 스테디셀러로 자리하고 있지요. 「시크릿」이 주는 메시지 '믿고 생각하는 대로 현실에 일어난다!'는 매우 강력했습니다. 물론 저도 이 법칙에 동의합니다. '긍정의 문장을 영어 수업 시간에 적극적으로 가르치자!'라고 힘을 실어 준 것도 바로 이 책 덕분입니다. 하지만 문제는 강력하게 전달한 이 법칙에 비해 어떻게 이 법칙을 일상에 적용하고 활용할 수 있는지에 대한 방법들이 상대적으로 강력하지 못했다는 것이죠. 이 강력한 메시지가 오히려 최서현 씨처럼 '나의 부정적인 생각이 실제로 발현되면 어떡하나'라는 조바심을 안겨주었던 것입니다.

　　「영혼을 위한 닭고기 수프」의 공저자 마시 시모프는 '사람은 하루에 6만 가지가 넘는 생각을 하는데 그 중 80% 정도가 부정적인 생각이다'라고 말합니다. 부정적인 생각들은 강물 속에 존재할 수밖에 없는 흙탕물처럼, 자연스럽게 흘러 나가고 흘러 들어오는 것이죠. 그러니 우리도 하루 중에 생각나는 부정적인 생각들은 누구나 다 가질 수 있는 자연스러운 것이라 생각하고 흘려보내도 무방합니다. 이렇게 우리 모두 갖게 되는 자연스러운 부정적인 생각들이지만, 힘든 일이나 상처들이 생기면 그 부정적인 생각들은 더욱 집중되고 커질 수밖에 없습니다. 자연스레 흘러가버려야 할 흙탕물이 늪이 되어 버리는 것이죠.

저의 과거 모습인 김모양 역시 부정적인 생각들을 자연스레 흘려보내지 못하고 집중하여 더 크게 키우는 대표적인 사람이었습니다. 하지만 김모양은 자신을 괴롭히는 늪과 같던 부정적인 생각에서 벗어나오고 싶었습니다. 그래서 스스로 가지고 있던 부정적인 생각을 이해해 보기로 했습니다. 그리고 '세상은 왜 나에게 이런 시련을 주는 것일까?' 등의 원망이 섞인 부정적인 질문에서 이해를 위한 방향으로 다시 질문하기 시작했습니다.

'왜 나는 부정적인 생각들에 집중했던 것일까?'
이 답변은 너무도 잘 알고 있었습니다. 어린 나이에 칼 든 괴한에게서 받은 충격, 그로 인해 알고 있던 세상이 바뀌어 꿈과 희망이 모두 사라져 버린 그때의 시간들 때문이었겠지요.

'왜 나는 그렇게 아팠던 것일까?'
꿈속에서조차 자기를 죽일 지도 모른다는 미지의 괴한에게 매일매일 심리적인 고통에 시달렸던 소녀는 심한 알레르기성 비염을 통해 심리적인 고통을 육체적인 고통으로 맞바꾸었습니다. 콧물과 눈물을 닦아내느라 너무나 무섭고 두려운 마음을 잠시나마 잊을 수 있었거든요.

'어떻게 나는 오랜 악몽을 떨쳐낼 수 있었을까?'

두 번째 괴한과 만났을 때 침착하게 판단하고 상황을 이겨낸 후 스스로 강해져 가고 있다는 느낌이 들었습니다. 왠지 세상 그 어떤 어려움도 이제 조금은 맞서 볼 수도 있겠다는 용기가 조금씩 꽃피기 시작했던 것이지요.

어떤 질문에는 답이 나오지 않기도 하고, 어떤 질문에는 여러 개의 답들이 꼬리에 꼬리를 물고 나오기도 하며, 어떤 날은 전날과 다른 답이 나오기도 합니다. 하지만 저의 부정적인 생각들을 하나하나 들쳐보고 '왜?'와 '어떻게?'로 이해해보고자 하는 마음으로 들여다보니 부정적인 감정들도 조금씩 받아들여지기 시작했습니다. 사실 그 전까진 부정적인 생각에만 집중되어 있던 제 자신과 저의 삶을 많이 미워했었습니다. 저에게 해를 끼친 것들과 너무나 달라져 버린 저 스스로를 용서하는 것도 힘들었지요.

하지만 그 부정적인 생각들이나 행동들은 결국 스스로를 지키기 위함이었을지도 모른다는 것을 깨닫자, 제 자신에 대한 연민의 마음이 생기기 시작했습니다. 그렇게 저의 부정적인 감정들을 이해하기 시작하며, 모든 일들을 하나씩 극복하여 더 크게 성장해온 제 자신과도 만날 수 있었습니다. 그러면서 전에는 가지지 못했던 스스로에 대한 신뢰감도 생겨나기 시작했지요.

"You look at yourself and you accept yourself for who you are, and once you accept yourself for who you are you become a better person."

스스로를 바라보고, 있는 그대로 받아들여라. 있는 그대로 자신을 받아들이면 더 나은 사람이 될 것이다.

— Oprah Winfrey(오프라 윈프리)

지금까지 제가 코치했던 사람들 중에는 기막히게도 불행한 과거의 사건이나 악조건의 환경 속에서 괴로워했던 분들이 많이 있습니다. 그 분들 또한 김모양처럼 몸과 마음이 많이 아프셨죠. 생을 포기하고 싶었던 적도 많이 있었을 겁니다. 하지만 아무리 힘들어도 그냥 그대로 주저앉아 버리지 않는 것은 아마도 여전히 뛰고 있는 우리의 심장 탓 일지도 모릅니다. 아니면 그동안 이렇게 힘들었으니 이제는 행복한 삶을 살고 싶다는 가녀린 희망 탓 일지도 모릅니다.

어느 추운 겨울날, 사는 것이 마냥 힘들고 괴로웠던 김모양은 생을 놓기로 결심했었습니다. 그날은 눈이 많이 내렸습니다. 어찌나 많이 내리는지, 그녀는 철퍼덕 눈 위에 앉아 하염없이 눈을 바라보았습니다. 온 세상이 눈 속에 하얗게 묻혀갑니다. 그녀의 작은 어깨에도 '사각사각' 눈이 내립니다. 그녀는 그때 처음으로 눈이 내리는 소리를 들었습니다. 시간을 잃은 듯 보였던 그녀는 엉덩이를 탈탈 털고 일어나 다시 집으로 향합니다. 집으로 돌아오니 그녀의 배고픔을 자극하는 고소한 김치전 냄새가 납니다. 그녀가 오늘 어떠한 생각을 가지고 나갔었는지를 전혀 모르는 가족들은 둘러앉아 함께 밥을 먹습니다. 그날따라 김치전이 너무 맛났습니다.

우리 모두에겐 소중하고 강인한 생명력이 있습니다. 그건 어디에서 태어났고, 어느 조건에 놓여있건 상관없습니다. 누구에게나 차별 없이 제공되는 고유한 것이기 때문입니다. 다만 본인 스스로가 그 생명력을 해치지 않는 한 말이죠. 어떤 환경과 그 누군가가 우리 개인의 고유한 생명력을 손상시킬 수는 없습니다. 김모양에게도 마찬가지였습니다.

'어떻게 내 인생만 이 모양이지?' 대신 '어떻게 인생을 더 낫게 변화시킬 수 있을까?' 또는 '어떻게 스스로 만족할 수 있는 좋은 사람이 될 수 있을까?'라고 따뜻한 질문을 스스로에게 던져주세요. 나와 인생에게 던지는 '원망과 불평이 함께하는 왜?, 어떻게?'가 아닌 '이해와 긍정이 함께하는 왜?, 어떻게?'는 고유한 생명력에 환한 빛을 밝혀 옵니다. '왜 나는 그렇게 행동했을까?', '왜 나는 이런 부정적인 기분에 집중하는 걸까?', '왜 나는 저 사람에게 이렇게 화가 느껴지는 걸까?', '왜 나는 이렇게 답답한 걸까?' 등의 '왜?'라는 질문은 나 자신과 삶을 받아드릴 수 있는 공간을 넓혀 줍니다. '어떻게 스스로를 즐겁게 만들 수 있을까?', '어떻게 내가 나를 더 사랑할 수 있을까?', '어떻게 내 삶을 긍정적으로 변화시킬 수 있을까?' 등의 '어떻게?'라는 질문은 나 자신과 삶을 위대한 성장의 변화로 이끌어 냅니다.

당장 답을 구하지 못하더라도, 그동안 외면 받고 쓸쓸하게 지냈던 몸과 마음은 스스로 들여다봐주려는 친절한 질문 자체로 위로를 받습니다. 더불어 스스로에 대한 이해와 신뢰가 생기기 시작하면서, 위로 받은 몸과 마음은 점점 스스로를 덜 괴롭히고 놓아주게 됩니다. 그러니 무턱대고 '좋아!'라고 하지 마세요. 마음이 진정으로 행복하지 않은 긍정은 긍정이 아닙니다. 마음이 아프다면, '괜찮아'보다는 다정하게 이유를 물어봐주세요. 어떻게 하면 나아질 수 있을지 말입니다.

"그대에게 세 가지 만트라[1]를 전수하기 위해 왔다. 이 세 가지를 기억한다면 그대는 다른 누구도 스승으로 섬길 필요가 없다. 그대의 완벽한 스승은 그대 자신임을 깨닫게

---

1 만트라: 타자에게 은혜·축복을 주고, 자신의 몸을 보호하고 정신을 통일하고, 또는 깨달음의 지혜를 획득하기 위해서 외우는 신비적인 위력을 가진 언사(네이버 지식백과 中)

될 것이다. 첫째, 너 자신에게 정직하라. 세상 모든 사람과 타협할지라도 너 자신과 타협하지 말라. 그러면 누구도 그대를 지배하지 못할 것이다. 둘째, 기쁜 일이나 슬픈 일이 찾아오면 그것들 또한 머지않아 사라질 것임을 명심하라. 어떤 것도 영원하지 않음을 기억하라. 그러면 어떤 일이 일어난다 해도 넌 마음의 평화를 잃지 않을 것이다. 셋째, 누가 너에게 도움을 청하러 오거든 신이 도와줄 것이라고 말하지 말라. 마치 신이 존재하지 않는 것처럼 네가 스스로 나서 도우라."

- 「하늘 호수로 떠난 여행」(류시화 저) 中

'day by day' 매일, 조금씩 더 나아지기

"영어를 잘해서 원하는 곳으로 이직을 하고 싶어요!"
"아이에게 영어 잘하는 엄마가 되고 싶어요!"

"영어 말하기를 왜 배우고 싶냐?"라는 질문에 모두 눈빛이 반짝이며 씩씩하게 대답합니다. 하지만 그들에게 "자신이 유창한 영어를 말하게 될 수 있다고 믿나요?"라고 물으면 금세 초롱한 눈빛은 빛을 잃고 "정말 그렇게 될 수 있을까요?", "에이, 설마요"라고 회의적으로 대답합니다. 반면 "자신이 점점 조금씩 유창한 영어를 말하게 될 것이라고 믿나요?"라고 질문을 바꿔 다시 물으면 "연습하면 저도 가능하겠죠?", "저도 언젠가는 할 수 있겠죠?"라고 긍정적인 대답으로 바뀌는 것을 볼 수 있습니다. '할 수 없다'에서 '할 수 있다'로 바뀌게 한 것은 바로 'day by day'(점점) 였습니다.

항상 다이어트 중인 친구가 있었습니다. 어느 날, 그 친구는 눈이 퉁퉁 부은 채 나타났지요. 그 이유를 물으니, 가족과 식사 중에 젓가락으로 음식을 집으려는데 아버지가 자신의 젓가락을 탁 쳐버리더랍니다. 얼마나 딸내미 먹는 것이 보기 싫었으면, 뚱뚱한 딸내미가 싫었으면 그랬겠느냐며 엉엉 웁니다. 종종 그 친구는 말합니다. 자신은 스트레스를 먹는 것으로 푼다며, 먹은 음식뿐 아니라 마시는 물까지도 고스란히 본인의 살이 되어 버린다고 말입니다. 그래서 본인이 음식을 많이 먹는 것은 어쩔 수 없는 일이고, 살을 빼는 일은 불가능한 것이라며 괴로워했었지요.

저는 친구에게 스스로 믿고 생각하는 것들의 중요성을 이야기해주었습니다. 그리고 부정적인 생각을 원하는 상태로 바꿔보라고 말했습니다. 그러자 친구는 "원하는 상태? 난 날씬한 걸 원하는데… '나는 날씬하다. 나는 날씬하다.' 이렇게 생각하고 말하면 살이 빠지는 거야?"라고 친구는 저에게 말합니다. 그럼, 정말 살이 빠질까요? 난 날씬하다고 생각합니다. 아니, 생각하려고 합니다. 하지만 거울을 보면 울퉁불퉁한 살들이 삐져나와 있지요. 그 살들을 보며, '그래, 난 날씬해'라고 말하면 진정으로 믿게 될 수 있을까요?

수많은 자기계발서들은 결핍은 결핍함을 부르고 부는 부유함을 부르는 것이니, 결핍함을 생각하지 말고 "나는 부유한 사람이다!"라고 외치라고 가르칩니다. 하지만 당장 지갑 안에 단돈 1천 원이 없는데 그 누가 '난 부유해!'라고 생각할 수 있을까요? 영어를 잘한다는 자신감을 갖고 싶지만, 무작정 여행가서 여기저기에서 버벅 거린다면 진정 영어 말하기에 대한 자신감을 가질 수 있을까요? 당장 믿음을 져버리겠지요. 하지만 이건 어떨까요? 우리의 생각과 행동에 '점점', '조금씩' 선순환을 일으키는 겁니다.

　　나는 점점 조금씩 살이 빠지고 있다고 생각합니다. 여태껏 매일 살이 찌는 일에만 집중 한 듯, 먹는 것마다 칼로리를 계산하며 살찐다는 기분으로 살아왔는데 점점 조금씩 살이 빠진다고 생각을 반복해보니 평소보다 기분이 괜찮습니다. 조금 더 좋아진 기분으로 평소보다 조금 더 활기차게 움직입니다. '언제까지 이 지겨운 다이어트를 해야 하나?', '이걸 먹으면 얼마나 더 살이 찌게 될까?'라는 질문들 대신 '왜 나는 점점 조금씩 살이 빠지고 있지?'라고 물으니 '평소보다 활기차게 움직여서 칼로리가 더 소모되고 있으니까', '기분이 좋아지니 스트레스 풀 필요가 없으니까'라는 긍정적인 대답이 따라오기 시작합니다. 전에는 거울 속의 내 몸이 너무 싫게만 느껴졌는데 이제는 '그래, 살이 조금씩 빠지고 있어. 잘하고 있어, 화이팅!'을 외치게 됩니다.

'나는 점점 조금씩 부유해지고 있어'라고 생각하고 말해봅니다. 점점 조금씩 부유해지고 있다는 느낌을 가지니 평소보다 마음의 여유가 느껴집니다. '어떻게 내가 점점 부유해 지고 있는 걸까?'라고 선순환의 연결고리를 만들어 봅니다. '쓸데없는 지출을 줄이고 나를 위한 적금이나 펀드를 늘리고 있으니까', '성실히 일하고 배워서 승진을 했으니까', '없는 것에 집중하고 원망하는 시간보다는 나를 성장시키는 것에 에너지를 쏟고 있으니까', '돈을 벌 수 있는 아이디어를 만드는 여유로운 마음을 만들어 가고 있으니까'라는 긍정적인 대답들이 구해집니다. 더불어 긍정적인 대답이 구해질 수 있는 행동을 하게 됩니다.

> "Every time you state what you want or believe, you're the first to hear it. It's a message to both you and others about what you think is possible. Don't put a ceiling on yourself. What we dwell on is who we become."
>
> 당신이 바라거나 믿는 바를 말할 때마다, 그것을 가장 먼저 듣는 사람은 당신이다. 그것은 당신이 가능하다고 믿는 것에 대해 당신과 다른 사람 모두를 향한 메시지다. 스스로에 한계를 두지 마라. 우리가 두는 생각을 하느냐가 우리가 어떤 사람이 되는지를 결정한다.
>
> – Oprah Winfrey(오프라 윈프리)

'그래, 하루아침에 되는 게 아니지. 점점 조금씩 되어지는 거야. 급하고 조급했던 마음을 살짝 밀어내고 다시 시작해보자'라고 생각해보십시오. '점점'이야말로 수많은 학생들의 유창한 영어 말하기 실력을 가져다준 숨은 공신이랍니다.

과연 제 친구는 살이 빠졌을까요? 오랜 시간 '스트레스는 음식으로 푼다', '먹고 마시는 모든 것들이 다 살로 간다'라는 생각들과 함께 살아왔기에 처음에는 '나는 점점 조금씩 살이 빠지고 있어. 왜 나는 점점 몸과 마음이 가볍게 느껴지지?'라는 생각들로 바꾸는 것을 어려워했습니다. 하지만 수년간 고통스럽게 해온 다이어트를 끝내고 말과 생각만을 바꾸는 쉬운 방법이라는 저의 계속된 꼬드김에 친구는 새로운 생각과 말들을 자연스러울 만큼 되풀이하기 시작했습니다. 그 친구는 지금 아주 날씬하고 건강한 몸매를 뽐내며 다닙니다. 살이 빠지는 게 즐겁다며 운동까지 열심히 하고 있습니다.

로마도 하루아침에 이루어진 것이 아니라는데, 우리가 변화를 원하는 그 모든 것들도 급히 서둘지 말고 조금씩 자리 잡을 수 있도록 '점점'으로 조금씩 마음의 여유와 변화의 시간을 내어주면 어떨까요?

"What you thought before has led to every choice you have made, and this adds up to you at this moment. If you want to change who you are physically, mentally, a spiritually, you will have to change what you think."

당신이 지금까지 선택한 모든 결정이 지금의 당신을 만들었다. 만약 육체적, 정신적, 영격으로 변화되길 원한다면 당신의 생각을 바꾸어야 한다.

— Dr. Patrick Gentempo(패트릭 젠템포)

'이미지 트레이닝' 마음속에서 긍정의 기운을 불러일으키기

올해도 이것저것 새해 결심들 많이 하셨죠? 금연하여 다시 태어나겠다, 술을 줄이거나 끊겠다, 새벽형 인간이 되겠다, 한 달에 한 권씩 책을 읽겠다, 살을 빼겠다, 운동을 시작하겠다, 외국어를 시작하거나 끝내겠다, 취업(이직)을 하겠다 등과 같이 말이죠. 인간은 어느 한 명 지문 하나같은 사람 없이 다양하다는데, 우리의 새해 결심은 누가 정해준 것 마냥 어찌 이리도 한결같이 비슷한 걸까요?

그런데 스스로를 바꿔 긍정적인 변화를 기대하는 것들이 오히려 우리를 무너뜨리고 심리적 공포감을 주는 부비트랩(Booby trap)이 될 수 있다는 것을 아시나요? 작년의 결심이었고 재작년의 결심이었으며 혹은 내년의 결심이 될 수도 있다는 것은, 그만큼 이루려고 평생 노력해 왔지만 반면 꾸준히 실패해 왔다는 것이겠지요. 여러 번 해 보았는데 안 되었다는 생각은 스스로를 패배자로 만들어 버립니다.

"빨간색을 생각하지 마!"라고 하면, 빨간색이 더욱 떠오르지 않나요? "담배 피지 않을 거야!", "다이어트를 위해 먹지 않을 거야!", "그 사람을 생각하지 않을 거야!"라고 하면 담배와 음식과 그 사람이 더 떠오르게 되지요. "공부해야 해!", "일찍 일어나야 해!", "돈을 벌어야 해!"라고 하면 마음이 뒷걸음치며 더 하기가 싫어집니다. 이렇게 저렇게 해야 하고 하지 말아야 한다고 계속적으로 불러드린 강압적인 생각은 용수철 같이 튀어 오르는 저항의식을 불러들여 실패로 이어지기 쉽습니다.

나도 모르게 흘러나온 저항 의식으로 성공하지 못한 일상의 반복되는 실패들은 자신감 결여와 스트레스를 불러옵니다. 얼마나 수많은 날들을, 새해 아침을 '해야 해! 하지 말아야 해! 돼야 해!'라고 외치며 시작했던가요? 그리고 그 외침의 메아리조차도 건지지 못한 채, 맥없이 꼬리를 내렸던가요? 결국 이런 실패의 반복들이 '난 안 돼!', '어차피 나는 해도 안 될 거야!'라는 스스로를 포기 또는 실패자로 마음속 낙인을 찍게 만듭니다.

저도 과거 취업에 대한 걱정으로 잠들지 못했던 밤들이 있었습니다. '일찍 일어나 또렷한 정신으로 이것저것 준비하고, 공부할 것도 많으니 지금은 잠을 자야해!'라고 늘 생각하지만 그럴수록 잠은 더욱 멀리 달아났습니다. 불면증을 해소한 건 일을 시작하고 나서였습니다. 막상 일을 시작하고 나니 밤에는 그냥 골아떨어졌습니다.

대학에서 영화 연출을 전공하고, 졸업을 위해 장편 시나리오 작업을 할 때에도 '시나리오를 완성해야 해!'라는 강박적인 생각은 탈모를 불러 일으켰습니다. '다시 글을 쓰면 안 되겠구나'라고 생각할 정도로 심각했었죠. 하지만 이제 '완성해야 해!'라는 강압적인 생각은 더 이상 없습니다. 대신 〈To do list〉에 '오전에 글쓰기' 항목이 들어 있습니다. 저는 그냥 일정에 따라 책을 쓸 뿐인거죠. 그리고 가끔씩 긍정의 문장으로 스스로에게 주문을 걸 듯 사람들에게 말을 하기도 합니다. "글 쓰는 게 재미있어요. 마음속의 무언가를 시원하게 털어내는 것 같거든요!"

혹시 주변에 늘 한결같은 우리의 새해 결심을 성공적으로 이뤄낸 사람들이 있다면, "어떻게 성공하셨나요?"라고 물어보세요. 그러면 아마도 그들은 동일하게 "그냥 했어요"라는 대답을 할 것입니다. 〈Just do it!〉이라는 광고 문구를 접해본 경험이 있을 겁니다. 광고 역사상 가장 성공한 슬로건 중 하나로 손꼽히는 이 문구는 결심을 성공의 결과로 만들어 주는 최고의 방법이지요. 그러니 말로 혹은 생각으로 해야겠다고 반복하지 마세요. 그냥 하는 겁니다.

> "Knowing is not enough; we must apply. Willing is not enough; we must do."
> 아는 것으로는 충분하지 않다. 해야한다. 의지로는 충분하지 않다. 해봐야 한다.
> – Johann Wolfgang von Goethe(요한 볼프강 폰 괴테)

때로는 그 결심과 나와의 궁합이 안 맞는 것일 수도 있습니다. 가만히 앉아있는 것에 흥미를 못 느끼는 사람이 스스로를 '공부만이 살 길이야!'라고 옭아매거나 '공부해! 공부해!'를 강요받기만 했다면 어땠을까요? 아마도 수많은 예술인들과 스포츠 선수들 등 다양한 분야에서 활동하는 사람들은 이 땅에 존재하지 못했을 것입니다. 「매일경제」의 기사 중 '올빼미족을 지지한다, 저녁형 인간의 장점'이라는 기사에는 매우 흥미로운 여러 실험의 결과들이 제시되어 있습니다.

• 올빼미족은 똑똑하다

런던정경대 사토시 가나자와 교수 연구팀이 1994~2002년 8년 동안 대학생 1만 2000여명을 상대로 수면 패턴과 IQ의 상관관계를 분석한 결과 올빼미족 학생들의 IQ와 성적 모두가 높게 나타났다.

사토시 가자나와 교수는 2009년 발표한 논문 '올빼미족이 더 똑똑하다'에서 지능이 높은 아이일수록 주중이나 주말 상관없이 늦게 자고 늦게 일어나는 올빼미족 어른으로 자랄 확률이 높다고 주장했다.

• 올빼미족은 집중력이 강하다

2009년 벨기에 리에주 대학 필리프 페이그눅스 박사 연구팀은 아침형과 저녁형으로 구성된 실험 참가자들에게 집중력이 필요한 과제를 하게 했다. 연구진들은 피실험자들이 과제를 하는 동안 기능성자기공명영상(MRI)로 뇌를 관찰했다.

그 결과 아침에는 아침형 인간과 저녁형 인간의 수행 능력에 차이가 없었으나 저녁엔 수행 능력이 차이가 났다. 저녁형 인간은 아침형 인간보다 피로를 훨씬 덜 느꼈고 과제를 수행하는 속도가 빨랐다. 즉 저녁형 인간은 아침형 인간보다 더 오래 집중력을 유지할 수 있었다.

• 올빼미족은 창의적이다

이탈리아 밀라노 세이크리드하트 가톨릭대 마리나 지암피에르토 교수 연구진이 남녀 각 120명씩을 조사해 발표한 결과에 따르면 올빼미족이 아침형 인간보다 문제해결능력이 더 뛰어나고 창의적인 해결법을 제시했다.

- 「올빼미족을 지지한다, 저녁형 인간의 장점」(매일경제) 中

우리는 단순히 저녁형 인간일 수도 있고, 책에서 지혜를 배우는 book smart가 아닌 세상에서 지혜를 배우는 street smart일 수 있습니다. 하지만 우리는 시대의 흐름에 휩쓸리듯 무언가 해야 하고 하지 말아야 한다고 스스로를 옭아매고 이루어 내지 못할 시 스스로를 낙오자로 만들어 버립니다.

95년간 흡연해온 네팔의 112세 할머니는 인터뷰 당시도 여전한 건강을 과시하며 장수의 비결을 알려줍니다. "행복해지세요. 그러면 오래 살 수 있습니다"라고 말입니다. 흡연과 술이 몸에 좋다는 이야기는 아닙니다. 그렇지만 스스로가 즐길 수 있을 정도의 적당한 양의 음주와 흡연은 스트레스를 잔뜩 받으며 괴롭게 진행하는 금주와 금연보다 몸에 좋을 수도 있는 것이죠. 사회가 제시한 어떠한 기준이나 남들이 제시한 기준으로 스스로를 압박하고 힘들어하며 낙오자로 만들기 전에 내 마음이 아무런 저항의식 없이 할 수 있는 일, 내 마음이 좋아할 수 있는 그런 일들로 스스로를 행복하게 해주는 것이 더 중요합니다.

그러면 어떻게 그 일들을 찾을 수 있을까요? 물론 직접 여러 가지 일들을 도전하고 경험해보는 것처럼 좋은 방법은 없겠지요. 하지만 지금 당장 여러 가지 일들에 도전해 볼 수 없다면 직접 해보는 수고를 덜면서도 답을 줄 수 있는 좋은 방법이 바로 시각화입니다. 시각화는 눈을 감고 이미지를 떠올려 보는 것입니다. 이는 많은 자기계발서에 소개되는 중요한 성공법이기긴 하지만 책상 위의 공상이 금지되어 온, 상상보다는 공부와 성적의 중요성만을 배우고 살아온 우리에게는 조금 생소하고 낯선 것이 사실입니다.

다음의 글은 유창한 영어 말하기를 성공적으로 이끈 저의 시각화 방법으로, 「753Englsih」(김수현 저)에서 발췌한 내용입니다.

> 늘지 않는 듯한 영어에 절망해, 끝이 없는 듯한 영어에 질려 책과 테이프들을 던져 버리고 영어에서 완전히 손을 뗀 후 내가 다시 영어를 시작할 수 있었던 계기는 해야 한다는 긴박감이나 절박함 때문이 아니었다. 그것은 한 순간 눈앞에 펼쳐진 그림 한 장 덕분이었다. 너무나 아름다운 이국적인 풍경 속에서 외국인들과 자연스럽게 이야기 하고 있는 나의 모습을 생생하게 그리며, 그 행복한 이미지를 생각하며 기분 좋게 다시 영어를 잡았던 것이다.
>
> 행복한 이미지는 매일 빠지지 않고 영어 학습을 할 수 있는 동기가 되었다. 회식이 있어 늦은 날이나 몸이 피곤해 그냥 자고 싶은 마음이 간절할 땐 그림을 더욱 더 생생하

게 그렸다. 햇살이 쏟아지는 아름다운 풍경과 즐겁게 영어로 이야기 하는 행복해 하는 내 표정까지도… 그리고 어김없이 다시 카세트를 누르곤 했던 것이다. 나중에 안 일이지만 기분 좋은 상상을 하는 것만으로도 뇌는 긴장 완화와 집중을 이끄는 뇌파를 발생시킨다고 하니, 그 이미지가 내게 어떤 피로 회복제나 집중력 토조기보다 훌륭한 역할을 한 것이 틀림없다.

많은 사람들에게 영어를 공부하는 목적에 대해서 물어 보면 '남들이 하니까', '좋은 직장에 들어가기 위해 필요할 거 같으니까'와 같은 막연한 목적들이 대부분이다. 하지만 이런 목적들은 쉽게 우리를 지치게 하고 영어를 포기하게 만들기 십상이다. 나는 학생들에게 가장 먼저 영어를 하고 싶은 이유에 대해 구체적으로 그려 보라고 주문한다.

외국계 회사에 들어가고 싶은 사람은 원하는 회사의 깔끔한 환경 속에서 외국인들과 자유롭게 이야기하며 업무를 즐기는 자신의 모습을 그릴 수 있다. 또는 외국인과 편안하게 전화 통화 하는 자신의 모습을 동료와 상사가 부러워하는 눈길로 바라보는 그림을 그려 볼 수도 있을 것이다.

승무원이 되고 싶은 사람은 아름답게 미소 지으며 외국인 승객들과 대화하는 모습을 그려 볼 수도 있을 것이며, 비싼 영어학원 대신 직접 자녀들을 가르치며 원어민과 같은 발음과 억양으로 아이들의 탄성을 받는 멋진 부모가 되는 모습을 그려 볼 수도 있을 것이다.

이미지가 생생할수록 그리고 구체적일수록 실현되는 가능성은 커지고 목표 기간도 짧아진다.

─ 「753English」(김수현 저) 中

시각화는 이렇게 원하는 것을 나 자신에게 생생히 보여주고, 그 목표까지 닿을 수 있도록 합당한 동기를 부여해 줍니다. '담배를 끊어야지!'라고 계속해서 결심하고 말하는 것보다는 밥 먹고 나서 담배를 찾지 않고 이를 닦아 상쾌해하는 나의 모습을 그려보는 것이 더 효과적입니다. 또한 '오늘도 운동을 빼 먹었네?'라고 열 번 절망하는 것보다는, 운동을 하고 땀을 흘리는 뿌듯한 기분과 탄력 있는 몸매가 되어 가는 나를 그려보는 것이 훨씬 더 효과적입니다.

지금 원하는 것이 있나요? 올해의 새해 결심들을 다시 불러오세요. 이제 하나씩 그것을 이루어낸 나의 모습을 떠올려보세요.

조용히 눈을 감고, 그 원하는 것을 이루어 낸 나를 바라보세요. 영화관에 앉아서 스크린을 바라보 듯, 그 모습을 상상 속의 영상으로 만들어 보세요. 처음엔 희미했던 영상에 색을 입혀서 더욱 생생하게 만들고, 서라운드 스피커를 통해 볼륨도 실감나게 높여 보세요. 평면의 영상을 점점 입체적으로 만들고, 주변 환경의 디테일도 살려보세요.

지금 나는 어디에 있나요? 무엇을 하고 있나요? 누구와 함께 있나요? 주변을 둘러보세요. 무엇이 보이나요? 원하던 것을 이룬 나의 표정과 행동을 바라보세요. 지금 나의 기분도 느껴보세요. 영화에 집중되어, 영화 속 주인공인 나 자신에 완전히 몰입되어 그 표정과 감정까지 일체화 시키면 생생한 시각화 작업은 성공한 것입니다.

처음부터 완벽한 영화를 만들어 내는 영화감독은 있을 수 없습니다. 재미난 놀이처럼 생각하고 연습하며 훈련해 보세요. 매일매일 상상 속의 영화관에서 즐거운 영화를 관람해 보세요. 이 책의 제3장에는 각 상황별 시각화 훈련을 도울 이미지 트레이닝이 담겨 있습니다. 더불어 QR코드로 연결되어 있는 오디오 가이드도 함께 있으니, 들으면서 쉽게 연습해 보세요.

"Visualize this thing that you want, see it, feel it, believe in it. Make your mental blue print, and begin to build."
당신이 원하는 것, 그것을 보고 느끼며 믿는 것을 그려보라. 마음에 청사진을 만들고 이제 짓기 시작해보라.

― Robert Collier(로버트 콜리어)

시각화는 무엇을 진정으로 원하고 그렇지 않은가를 알려주기도 합니다. 영어 책을 출간하고 영어 말하기를 가르치던 시절, 유명한 입시학원의 스카우트 제의가 들어왔습니다. 월급과 조건은 구미가 당길 만큼 좋았습니다. 당장 입시학원에서 수업을 하고 있는 나 자신을 시각화 해 보았습니다. 하지만 입시학원에서 가르치고 있는 내 모습이 굉장히 부자연스럽고 행복해 보이지 않았습니다. 이에 저는 미련 없이 "No!"라고 말할 수 있었고 그곳이 제시한 월급이나 조건보다 훨씬 좋은, 스스로 창조한 즐거운 일터에서 행복하게 일하고 있답니다.

20대가 가진 대부분의 고민이 그렇듯 정수 군도 진로문제로 방황하고 있었습니다. 무엇을 좋아하는지도 모른 채, 무조건 취업을 하고 봐야 한다는 생각에 닥치는 대로 자격증 시험을 공부하느라 방학과 휴일이 없었습니다. 저는 정수 군에게 다양한 직업 안에서 생활하고 있는 자신을 하나씩 그려보게 했습니다. 그 시각화 작업들을 통해 정수 군은 자신이 무엇인가에 아이디어를 뽑아내고 기획하며 실행하는 것을 가장 흥미로워 한다는 것을 알게 되었습니다.

정수 군은 많으면 많을수록 좋다는 끊임 없던 자격증 시험 준비를 멈추고, 광고에 관한 심도 있는 공부를 시작했습니다. 본인이 원하는 광고회사를 몇 개 지정해놓고, 그 회사들에 관한 조사도 집중적으로 했습니다. 광고에 대한 흥미를 잘 피력한 자기소개서와 그의 광고에 대한 충분한 지식은 인터뷰에서도 실력을 발휘하여, 결국 원하는 광고회사 취직에 성공하였습니다.

세계적인 심리학자 폴 매케나는 '텔레비전 시리즈'(I can make you thin)를 통해 영국과 유럽 등에서 수백만의 사람들이 체중을 줄일 수 있게 도왔습니다. 더불어 사람들이 스트레스를 없애고 원하는 것을 성취할 수 있도록 돕고 있는데 그 주된 방법 중 하나가 바로 시각화 입니다.

"It comes down to something really simple: Can I visualize myself playing those scenes? If that happens, then I know that I will probably end up doing it."
그건 정말 간단하다. 그 환경에 잘 어울릴 수 있는 나를 그려볼 수 있는가? 만약 그렇다면 내가 그것을 할 수 있다는 것을 알게 되는 것이다.

— Jessica Lange(제시카 랭)

여러분은 지금 '안 되는 일이 너무 많아'라고 느끼고 있을지도 모릅니다. 바쁘고 피곤하며 귀찮을 수도 있습니다. 앞으로 나아가기가 두렵고 겁이 날 수도 있습니다. 무엇을 결정할 지, 어디로 가야 할 지 선택의 어려움에 빠져있을 수도 있습니다. 내가 원하는 것이 무엇인지, 어떤 일을 좋아하는지도 모르겠다고 암담함을 느끼고 있을지도 모릅니다. 한 번도 들여다보지 못했던 내면은 먹먹한 어둠이고, 남들에게만 또는 세상에만 귀 기울이느라 내면의 목소리는 어둠에 깊숙이 갇혀 있을 수도 있습니다.

여기 실제로 짙은 내면의 어둠 속에 살았던 분이 있습니다. 19개월 때 청각과 시각을 잃었던 헬렌 켈러가 대표적인 인물입니다. 하지만 그녀는 유명한 작가이자 교육자가 되었고, 아동 노동과 인종 차별주의 반대 등 정의로운 사회를 위한 운동을 실천한 인권주의자가 되어 전 세계인뿐만 아니라 세대를 이어 내려오면서도 귀감이 되고 있습니다. 그런데 사실 그녀는 설리반 선생님을 만나기 전에는 고집불통에 아주 난폭한 아이였다는 것을 아시는지요?

보이지 않고 들리지 않으니 그녀의 세상은 말 그대로 '어둠'
뿐이었던 것입니다. 하지만 설리반 선생님은 포기하지 않고 새
로운 방법으로 자신의 기분이나 생각을 전달하며 바라볼 수 있는
방법을 가르치기 시작했습니다. 그 후, 헬렌 켈러는 전과는 완전
히 다른 사람이 되었죠. 그리고 훗날 사람들에게 어둠이었던 내
면의 빛을 밝히고 세상과의 소통 방법을 새롭게 배운 자신의 모
습을 이렇게 묘사했습니다.

"새로운 하루가 오기를 학수고대하고 있던, 나만큼 행복한
아이는 없었을 겁니다. 손에 감지되는 온갖 것에 생명이
흘러넘치고 있는 것처럼 느껴졌습니다. 모든 것은 새로이
찾아든 광명 아래서 볼 수 있었던 것입니다."

— 헬렌 켈러

헬렌 켈러가 실제로 볼 수 있게 되고, 들을 수 있게 된 것은 물
론 아닙니다. 그녀가 가진 신체적 환경과 처한 환경은 똑같았습
니다. 하지만 그녀는 어둠 속에서도 새로이 사물을 인식하는 방
법을 배우게 되었고, 한 번도 보지 못했던 세상을 그녀만의 마음
속 그림으로 그리기 시작한 것입니다. 그리고 그 마음속 그림들
은 세상에 나타나 눈부신 업적들이 되었습니다.

"The real voyage of discovery consists not in seeking new landscapes, but in having new eyes."

여행의 진정한 발견은 새로운 경치를 보는 것이 아니라 새로운 눈을 갖는 것이다.

— Marcel Proust(마르셀 프루스트)

지금 나의 내면이 불 꺼진 어둠이라 할지라도, 그 속에서 내가 그려내는 나의 모습은 세상을 밝히는 환한 모습일 수 있습니다. 내가 원하는 것들을 다 이루어 낸 기쁨에 찬 모습일 수 있습니다. 혹 그 결심을 이룬 나의 모습이 별로 행복해 보이지 않는다면, '그것은 온전히 나와 맞는 것이 아니구나!' 하고 냉큼 지워버려도 좋습니다.

이제 무언가를 해야 한다 또는 하지 말아야 한다는 압박감이 밀려와 나를 누르고, 저 어딘가에서부터 용수철처럼 저항 의식이 톡 튀어 오르기 전에 지그시 눈을 감고 이루어낸 나의 모습을 기분 좋게 바라보며 그 기분 좋음을 느껴보세요. "Seeing is believing!" 보면 믿게 된다고 하지 않았던 가요? 원하던 바를 해낸 나를 보게 되면 믿게 되고, 그 믿음이 결국 '해내는 나'로 이끌어줄 겁니다.

"visualization is powerful. you can use this process to mend your heart, or sore elbow. I have used visualization as a tool for a sucessful career for years. I see myself doing what it is I want, and I do not let go of this picture until it manifests."

시각화는 효과적이다. 당신은 이것을 상처받은 마음과 혹은 다친 팔꿈치를 치료하는데 사용할 수도 있다. 나는 오랫동안 시각화를 성공적인 일을 위한 도구들도 사용해 왔다. 내가 원하는 것을 하는 나를 그려보고 그것이 실현될 때까지 시각화를 놓지 않았다.

― Suzanne Somers(수잔 소머즈)

'AWAKE' 언제, 어디서나 긍정으로 나를 깨우기

언제나 좋은 생각을 하고 말하며 행동하는 내가 되는 것, 긍정적인 생각을 하고 말해주며 행동하는 사람과 함께 하는 것은 생각만 해도 너무 좋지 않나요? 좋은 거 알지만 행동으로 연결되지 않는 이유는 무엇인가요? 우리가 겪는 일상이 결국은 우리를 징글징글하게 싫은 것들이 많은 제자리로 보내버리기 때문이죠. '그래, 이제 나는 새롭게 변화할거야!'라고 결심했는데 누군가가 나의 심경을 건드려 짜증이 확 밀려올 때, 통장에 들어오자마자 사라지는 월급이었던 숫자를 볼 때, 자동적으로 욕이 발사되는 뉴스를 보며 윗집에서 쿵쾅거리는 소리에 분노가 솟아오를 때 어느새 '새로운 나'는 그렇게 일상 속으로 사라져 버립니다.

좋은 생각과 좋은 말과 좋은 행동을 하는 것이 이제는 거의 제 것이 되었다고 여겼습니다. 변호-된 제가 훌륭하다고 스스로를 칭찬했지요. 좋아하는 가수의 콘서트를 보러 서울로 나섰던 어느 날, 과거의 김모양은 비싸서 꿈도 못 꿨었는데 이젠 무엇이든 자유롭게 할 수 있는 스마일리 수가 되어 있는 여유있는 모습에 꿈같이 행복했습니다. 기분도, 날씨도, 라디오에서 흘러 나오는 노래도 모두 완벽했습니다. 온몸에 사랑의 감정이 넘칩니다. 끼어드는 차에게 양보하기도 하고, 함께 달리는 차들에게 축복도 보내봅니다. 그러나 그 완벽했던 모든 것이 올림픽대로를 진입하고 얼마 지나지 않아 무너지기 시작했습니다. 차들이 움직이질 않고 있었습니다. 조금씩 초조해지기 시작했죠. 콘서트 시간은 다가오는데, 차가 한 치 앞을 나아가지 못했습니다.

급한 마음에 대안 경로를 이용해 보았습니다. 하지만 더욱 난감해졌지요. 자꾸 걸리는 신호대기에, 안 그래도 몇 바퀴 굴러가지도 못했는데 차들은 끼어들려고 앞머리를 무작정 들이댑니다. 저는 자리를 내어주지 않으려고 앞차와의 간격을 좁히며 브레이크를 밟다가 그만 앞차를 박을 뻔 하기도 했습니다. '좋아하는 가수의 콘서트도 못보고, 비싼 표도 버리며, 이렇게 도로에서 시간낭비를 하는구나!'라고 생각하니 열이 치밀어 오릅니다. 갑자기 끼어든 차에 한 바가지 걸쭉한 욕이 튀어나오려는 찰나 라디오에 징글 브레이크(Jingle break) 시간(라디오에서 매시간 2~3번씩 음악과 함께 흘러가는 쉬는 시간)이 돌아왔고, 친숙한 음악이 흘러나왔습니다.

두 손으로 핸들을 부여잡고 상체를 핸들에 바짝 붙인 채 눈에는 핏대를 잔뜩 세우고 사방의 차들을 예의 주시하며 라디오에서 노래가 나오는지 멘트가 나오는지 전혀 의식하지 못하고 흘려보내다가 징글 브레이크 시간이 되서야 익숙한 광고 음악들이 그제야 귀에 들어왔지요. 한 시간 전만해도 여유 있게 노래를 들으며 좌석에 등을 대고 한 손으로 운전을 하며 행복해했던 저의 모습이 오버랩 됩니다. 한 시간 사이에 천국과 지옥을 오가며, 최고의 여유와 극도의 초조감에 몸 둘 바를 모르던 저의 모습이 너무나 비교되면서 '같은 사람이었나?' 하는 어이없는 웃음이 나옵니다. 그리고 언젠가 NGO에서 일하는 40대 미숙 씨가 해준 말이 떠오릅니다.

"반나절이상 걸린 그날의 특별 예배를 끝내고 일어서는데 다리가 저려왔어요. 하지만 저를 비롯해 문을 나서는 사람들의 모습이 너무 홀가분하고 행복해 보였어요. 눈물로서 죄를 속죄하고 사랑을 베풀며 살기로 언약한, 마음으로 약속한 사람들의 눈에는 사랑이 넘쳐흘렀지요. 그런데 그게 몇 시간을 못 가더라고요. 집으로 돌아가는 대절한 버스 안에서 왜 저 사람부터 내려주나, 왜 이 코스부터 가나, 그럼 우리는 나중에 내려야 되지 않나 하고 서로 먼저 내려야겠노라고 옥신각신 하는 사람들을 보고 피식 웃음이 나더라고요."

피식 웃음이 날 수 있는 상황이지만, 어찌 보면 지극히 자연스러운 이 현상을 저명한 심리학자나 코치들은 이미 알고 있는 듯합니다. 구글과 보잉, 골드만삭스 등 세계적인 기업의 CEO와 임원들을 컨설팅하며 세계 최고의 경영 코치라고 불리는 마셜 골드스미스 박사는 「트리거」라는 책에서 말해줍니다.

> "나 역시 아직도 매일 밤 전화를 걸어 관리해주는 케이트라는 여성에게 코치 비용을 지불하고 있다. 이건 자신의 요리는 입에 대지 않는 요리사 같은 전문가의 위선이 아니다. 단지 내가 약한 존재에 지나지 않는다는 걸 인정하는 것일 뿐이다. 우리는 모두 약하다. 우리가 얻을 수 있는 모든 도움을 내치기에 변화의 과정은 참으로 험난하다."
>
> － 「트리거」(마셜 골드스미스 저) 中

약하고 약한 감정의 존재인 제 모습을 온몸으로 체험한 그날, 저는 결국 콘서트에 약 1시간 30분을 늦게 도착했습니다. 하지만 콘서트가 끝나고 나오는데 그렇게 상쾌할 수가 없었지요. 일단 남은 1시간여의 콘서트를 볼 수 있어 감사했습니다. 하지만 콘서트보다 저를 더 행복하게 만들었던 것은 '약한 감정 그대로의 나, 여전히 다분히도 문제가 있는 나'를 마주하고 받아드리겠다고 인정한 홀가분함 때문이었습니다.

전에는 '좋은 생각, 좋은 말, 좋은 행동을 하며 살아야지'라고 결심한 저였기에, 그렇게 하지 못한 저를 발견했을 때에는 스스로를 질책하고 자책하기도 했습니다. 결심대로 행하지 못하는 약하고 문제 많은 제 자신을 뒤에서 몰래 손가락질 했었던 것이죠. 하지만 그날, 대놓고 문제가 있던 저를 발견하고는 쿨 하게 인정해주고 받아주기로 하니 마음이 편안해지며 홀가분해 진 것입니다. 대신 언제 어디서든 그런 문제 있는 저를 대신 발견하면 질책 대신 라디오에서 잠깐의 징글 브레이크로 쉬어가는 시간을 만들 듯, 저만의 징글벨을 외치며 생각과 감정의 쉬는 시간을 만들어 내고 원하는 생각을 다시 불러옵니다.

그동안 우리의 생각이나 감정을 수시로 점검하지 못해 잃은 것들이 너무나 많습니다. 의도하지 않았는데 홧김에 한 말이 가까운 사람에게 상처를 주게 되고, 여전히 사랑하면서도 싸움이란 분노의 상태에서 내지른 말이나 행동으로 이별하기도 하며, 흥분을 가라앉히지 못한 상태에서 어떤 일에 실수를 저지르기도 합니다. 저의 생애 첫 차 사고도 분노의 상태에서 후진을 하다가 뒤를 제대로 살피지 못해 발생하였습니다. 그리고 이번에도 역시 감정을 살피고 다시 침착해지지 못했었다면, 아마도 생애 두 번째 사고를 냈을 겁니다.

라디오가 시간마다 2~3번 이상씩 징글 브레이크 시간을 가지듯, 저도 생각과 감정을 점검하는 습관을 가지기 시작하자 모든 것이 달라지기 시작했습니다. 제가 원하는 감정이나 생각이 아닐 때는 잠깐 멈춥니다. 마음에 청아하고 평화로운 징글벨 소리를 울려 퍼뜨려 봅니다. 그리고 원하는 생각이나 말을 다시 불러옵니다. 그러면 뜨겁게 열 받은 콧김은 몸과 마음을 진정시키는 깊은 심호흡으로 전환이 됩니다.

어느 날, 저의 어학원이 위치한 건물의 엘리베이터에 행사 공고를 붙였답니다. 그런데 새로 부임한 청소 담당자가 공고를 떼어 와서는 던지며 "이런 거 붙이면 지저분해져요!"라고 짜증을 냈지요. 새 공지가 뜯겨져 너덜너덜해져 눈앞에 던져졌을 때 저는 역시나 뜨거운 콧김이 확 하고 올라 왔습니다. 전과 같았으면 짜증 가득한 목소리로 바로 "아니, 전부터 아무 문제없이 해온 건데 뭐가 문제에요?"라고 톡하고 쏘아 붙였을 겁니다. 하지만 가슴 얕은 곳에서 솟아오르는 뜨거운 콧김을 깊은 심호흡으로 돌렸습니다. 그리고 생각과 감정을 전환해 보았습니다.

　마음 전체에 '좋은 생각, 좋은 말, 좋은 행동'을 일깨워 봅니다. '아, 새로 오셔서 잘 모르시는구나, 건물 전체를 청소하려면 힘드실 텐데 화를 내면 안 되지…'라고 생각을 바꿔했습니다. 그리고는 "안녕하세요? 새로 오셨나 봐요. 추운데 건물 청소 하시느라 힘드시죠? 이런 행사가 있으면 공지를 엘리베이터에 붙여도 된다고 건물주와 관리소장 모두에게 허락을 받았답니다. 대신 행사가 끝나면 저희가 깔끔하게 다시 떼겠습니다. 이왕 오신 김에 따뜻한 커피 한잔하고 가세요"라고 말했죠. 이렇게 친절히 말하니, 청소 담당자는 바로 잘 몰랐다며 미안해 했습니다. 그 후, 우리 층의 복도와 화장실은 이전보다 훨씬 더 깨끗해졌습니다. 이제는 오히려 청소 담당자가 가끔씩 들러 "행사 안 하세요? 제가 붙여드릴게요"라며 이것저것 챙겨주시기도 합니다.

　전쟁을 방불케 했던 남편과의 말다툼도 완전히 사라졌답니다. 남편이 욱해서 소리를 지르면 저도 바로 욱해서 소리를 질렀었죠. 하지만 이제는 남편이 욱해서 소리를 지르면 저는 바로 저만의 징글벨을 외칩니다. 차분하게 심호흡으로 마음을 바꾸는 동안 저의 분노 데시벨은 낮아지고, 제가 잘못한 것이면 차분히 사과를 합니다. 혹 남편이 잘못한 것이면 "별거 아닌 걸로 소리지

르니까 완전 무안하지?"라고 유머 있게 응대합니다. 제가 조용히 징글 브레이크 시간을 갖는 동안 남편 역시 징글 브레이크 시간을 갖고, 결국은 둘의 화도 사라지게 만드는 것입니다.

'ring a bell'이라는 영어 표현이 있습니다. '뭔가를 떠오르게 하다, 생각나게 하다'라는 뜻입니다. 딸랑딸랑 벨이 울리면 그 소리가 무언가를 떠올리게 하는 전환점이 될 수 있겠지요. 그러니 '그 좋은 것을 알고 있으면 뭐해? 써먹질 못하는데…', '책에서 읽은, 강연에서 들은 그 좋은 내용들은 그때뿐이야. 일상에 돌아오면 그냥 잊혀지거든'이라고 투덜댈 필요가 없습니다. 언제 어디서든 나만의 징글벨을 외치면 되니까요. 그리고 그 순간에 필요한 긍정의 생각과 말을 불러들여 눈부시게 찬란한 최고의 순간을 만들 수 있다는 것을 떠오르게 만드는 것입니다.

우리는 달콤한 DJ의 멘트와 그늘 들은 노래들은 곧잘 잊곤 하지만 징글 브레이크 시간에 흘러나오는 음악은 쉽게 기억해 내곤 합니다. 심지어 가끔씩 머릿속을 떠나지 않고 맴돌기까지 하지요. 그것은 징글 브레이크 시간마다 그 멜로디들을 반복적으로 듣게 되면서 저절로 익혀졌기 때문입니다. 수시로 나의 생각과 감정을 들여다 봐주고 원하는 생각을 깨우는 습관을 들인다면, 그 긍정의 선순환은 결국 내 몸에 친숙한 나의 것이 됩니다. 비록 내가 징글 브레이크 시간을 통해 주로 불러들이는 것은 '좋은 생각, 말, 행동!'이지만, 불러들이길 원하는 선순환은 상황에 따라 달라질 수 있습니다.

책을 쓰는 동안 주로 불러들였던 선순환은 '책을 쓰는 건 재밌어, 책이 왜 이렇게 술술 잘 써지는 거지?' 였습니다. 사업상의 아이디어가 필요할 때면, '주변의 모든 것들이 나에게 좋은 아이디어를 주고 있어. 왜 이렇게 좋은 아이디어가 쏙쏙 머리에 들어오는 거지?' 였고요. 몸과 마음이 지치고 기분이 가라앉을 때에는 '시원하게 기지개를 펴고 새롭게 시작하는 거야. 왜 점점 상쾌하고 개운한 느낌이 드는 거지?' 였답니다.

다음 장에서는 다양한 상황에 맞추어진 선순환을 이끄는 긍정의 문장들이 수록되어 있습니다. 원하는 상황에 맞는 긍정의 문장을 선택해 언제 어디서든 불러올 수 있습니다. 메모지에 적어 눈에 띄는 곳에 붙여놓고 수시로 되뇌며 읽어도 좋습니다. 편안하고 매력적인 성우의 목소리로 녹음되어 있어 그때그때 QR코드로 찍어서 들어도 좋습니다. 혹 QR코드 활용이 어려우신 분들은 http://cafe.naver.com/habbits에서 다운로드 받아 사용하셔도 좋습니다.

나만의 평화로운 생각과 감정의 휴식을 가져다 줄 징글 브레이크 시간으로 하루를 바꾸고 한 달을 바꾸며 당신의 운명을 바꾸게 될 것입니다. 힘들 때는 손을 잡아주고, 포기하고 싶을 때는 할 수 있다는 용기를 줄 것입니다. 언제 어디서든 내 안에 울려 퍼질 징글벨과 함께 원하는 생각을 불러오고, 여러분 스스로가 원했던 내가 되어 보세요.

> "미래는 현재 하고 있는 것에 결정된다. 네 믿음은 너의 생각이 되고, 네 생각은 너의 말이 되며, 네 말은 너의 행동이 되고, 네 행동은 너의 습관이 된다. 네 습관은 너의 가치가 되고, 네 가치는 너의 운명이 된다."
>
> — 간디

Chapter 3

인생을 깨우는
내 안의 긍정 주문

새로워지고
강해지는 나

　　영화 「제3의 사랑」에서 대기업 후계자 송승헌이 평범한 집안 유역비의 당당한 도습에 그만 사랑이 빠집니다. 그리고 그녀를 가슴에 품고 속삭입니다. "당신은 마치 인생의 방향을 확실히 알고 있는 사람 같아"라고 말이죠. 이에 그녀는 대답합니다. "사람이 한평생 살면서 할 수 있는 일이 많지 않잖아요. 그래서 매순간 멋지게 살려고 해요. 힘든 줄 알지만 다른 사람의 소리가 내 마음을 결정짓게 하지 않을 거예요. 다른 사람의 생각에 갇혀 살긴 싫어요. 용감하게 제 다음과 직감을 따르며 살 거예요."

　　정말로 여러분이 이렇게 살고 있다면, 혹은 이런 사람을 만난다면 얼마나 멋질까요? 하지만 안타깝게도 현실에서는 그렇게 살기가 쉽지 않습니다. 여기저기 쏟아지는 목소리와 참견하는 가이드가 너무 많아 주변에 귀를 닫고 내 마음을 따르기가 참 힘이 듭니다. 주변 사람들의 이야기와 나만 빼고 행복해 보이는 듯한 SNS의 사진과 방송, 아니 인터넷만 켜도 수없이 쏟아지는 정보가 너무나 많이 있지요. 정보일까요? 아니면 광고일까요? 언제나 헷갈립니다. 하지만 주변과 환경을 탓하며 내면을 혼란과 방황으로 내버려 둔 채 남들의 목소리와 세상의 가이드에만 맞추어 살아가는 것은 자신을 위험으로 몰고 갈 수도 있습니다.

요즘은 결정장애, 선택장애라는 말이 흔하게 들려옵니다. 사소한 것 하나도 선택하기 힘든 건, 수많은 삶의 결정에 두려움을 느끼는 건 자신을 잘 몰라서 혹은 자신이 뭘 원하는지 모르기 때문에 생기는 일입니다. 내가 날 잘 모르니 어떤 결정이 스스로를 만족시킬 수 있는지 확신도 없고 방향도 잃기 쉬운 것입니다. 그러나 우리가 진정 무엇을 원하고 좋아하는지 모르는 건 우리의 탓만이 아닙니다. 우리가 원하는 것들을 진지하게 생각하며 살 수 있는 기회가 주어졌던 적이 있었나요?

옆집 누구누구와 비교되며 수많은 학습지와 과제를 끝내야 했고, 방과 후에도 계속되는 성적의 압박으로 인해 수많은 학원에서 시간을 보내야 했습니다. 더 좋은 대학에 가기 위해 끊임없이 공부하고, 더 좋은 직장을 위해 학점과 자격증과 스펙을 쌓아야 했고요. 그런데 여기서 끝이 아니죠. 취업을 했다고 하더라도 여유 있는 삶이 아니라 학자금을 갚고 은행 빚에 헐떡거리며 살아갑니다. 살기 위해서, 우리는 돈을 벌고 갚으며 또 일을 합니다. 하지만 성공한 사람들은 모두 한결같이, "무엇이든 좋아하는 그리고 가슴 뛰는 일을 해야 성공한다!"라고 말합니다.

여기서 우리는 혼란이 오기 시작합니다. 그저 원하는 것들을 생각할 여유나 환경이 안 되었을 뿐인데 말이죠. 스스로 좋아하는 일을 하지 못하고, 원하는 것들을 생생히 그려내지 못하는 나 자신을 발견하게 되는 순간에 우리는 자책하고 절망하게 됩니다. 그리고 사소한 일상의 실패를 연속적으로 겪고 나면 어느새 우리는 '이래서 내가 성공을 어떻게 하겠어? 역시 나하고 먼 이야기야'라고 성공할 수 없는 사람이 되어 버립니다.

때로는 이 혼란을 사이비 종교단체나 사기꾼들이 이용하기도 합니다. 어디를 가야 할지 모를 때, 누군가가 확실한 길을 제시해 주는 듯 하면 손을 덥석 잡아 버리고는 끝없는 수렁에 함몰되어 더 이상 빠져나올 힘 자체를 잃어버리기도 하지요. 내 안의 명확한 가이드를 알 수 없으니 세상과 남들이 제시하는 가이드에 따라 이리저리 내쳐지기도 하고 휘둘리기도 하며 상처받기도 하는 것입니다.

Chapter3 인생을 깨우는 내 안의 긍정 주문 **99**

내면의 가이드를 알아갈 수 있는 우리의 환경이 아니었습니다. 그러니 자책도, 그 어떠한 부정적인 감정의 절망도 하지 마세요. 내 목소리를 몰라 휘둘리기도 하고 상처도 받았습니다. 하지만 이미 지나가버린, 바꿀 수 없는 과거입니다. 다시 꺼내보지 않아도 됩니다. 그냥 오늘만큼은, 지금 이 순간만큼은 가슴을 툭툭 치던 과거와 묵은 감정들을 탈탈 털어버리면 어떨까요? 마치 깨끗해진 빨래를 탁탁 털어서 널듯이 말이죠. 아주 조금, 내 마음을 들여다보기만 하면 됩니다. 조금씩 비워낸 마음에 부정적인 생각과 감정이 아닌 긍정적이고 좋은 것들로 빛을 밝히면 됩니다.

> "가만히 앉아서 내면을 들여다보면 우리의 마음이 불안하고 산란하다는 것을 알게 됩니다. 하지만 시간이 흐르면 마음 속 불안의 파도는 점차 잦아들고, 그러다 보면 미묘한 무언가를 감지할 수 있는 여백이 생겨납니다. 바로 이때 우리의 직관이 깨어나기 시작하고 세상을 좀 더 명료하게 바라보며 현재에 충실하게 됩니다. 이것이 바로 마음의 수양이며, 지속적으로 훈련해야 하는 것입니다."
> – 「스티브 잡스」(월터 아이작슨 저) 中

무언가 시작하기엔 나이가 너무 많다고요? 혹시 78세보다 많으신가요? 시골에서 농사를 짓고 양계업을 하며 자녀들을 키우느라 본인이 78세가 될 때까지 그를 그리는 것을 좋아하는지도 모르고 산 그랜드마 모제스(Grandma Moses)라는 할머님이 계세요. 할머니는 78세라는 늦은 나이에 그림을 시작했지만, 과거나 미래는 잊고 현재 본인이 좋아하는 것에만 집중을 하셨다고 해요. 그랬더니 할머니 나이 82세에 뉴욕 메트로폴리탄 현대미술관에 그분의 그림이 전시되었고, 점차 화가로써 이름을 날리기 시작했습니다. 그리고 101살에 생을 마감할 때까지 계속하여 그림 그리기를 즐기며 많은 사람들의 존경을 받는 유명한 화가로서 살아가셨다고 합니다.

무언가 시작하기엔 아무것도 가진 것이 없다고요? LA 타임스에 소개된 칼린 라티피(46) 씨는 10년 전까지만 해도 노숙자였고 마약에 찌들어 살던 전과자였다고 합니다. 하지만 지금은 LA 지역의 유명 주스 체인점을 6개나 거느린 백만장자가 되었지요. 그는 자신의 과거를 "더 이상 바닥을 파지 못할 정도로 내 인생은 밑바닥이었고, 모든 것이 끝난 기분이었다"라고 회상합니다. 어떻게 된 일이냐고요? 그는 마약을 끊기로 결심하고는 우연한 계기로 건강주스를 마시게 되었답니다. 그리고는 갱생센터 환자와 의료진을 위한 주스를 만들기 시작했지요. 주스 한잔은 또 다른 주스 한 잔을 만들어 내기 시작했고, 결국 작은 가게를 오픈 하게 되었다고 합니다. 주스 한잔을 만들어 낸 그의 작은 행동의 시작이, 희망조차 없었던 노숙자에게 10년 후에는 백만장자라는 결과를 안겨주었습니다.

무언가 시작하기엔 가진 상처가 너무나 크다고요? 미국의 유명한 TV 토크쇼 진행자 오프라 윈프리를 아시나요? 그녀는 사생아로 태어나 지독하게 가난하게 살았다고 합니다. 그녀의 어머니는 파출부로 일했고, 정부의 생활보호 대상자였죠. 그는 어렸을 적부터 친척들과 엄마의 남자 친구로부터 성적인 그리고 신체적인 학대를 받고 성장했고, 심지어 20대에는 마약에 빠지기도 했었답니다. 그랬던 그녀가 연간 천억 불 이상을 버는 방송인, 전 세계적으로 가장 좋아하는 방송인, 미국에서 가장 닮고 싶은 여성이 되었죠. 그녀는 '인생의 성공 여부는 온전히 개인에게 달려있다. 내가 어떻게 생각하고 행동하는 지가 미래를 결정한다'라는 오프라이즘(Oprahism)이라는 신조어까지 만들었습니다. 상상하기도 힘든 그 모든 상처들을 극복하고 털어낸 그녀였기에, 그녀의 모든 말들이 사람들의 영감이 되고 그녀가 하는 모든 행동들이 사람들의 귀감이 된건 아닐까요?

열악한 환경 속에 사는 것과 가지지 못한 것을 한탄하고 불평하는 것에서 잠깐 멈추고, 아주 잠시만이라도 내 마음을 들여다보는 시간을 갖는다면 좋겠습니다. 그러면 부정적인 생각과 불만이 가득한 악순환의 고리는 끊어지고, 조금씩 선순환의 생각들로 내면이 채워지기 시작할 겁니다. 그때 비로소 우리의 인생은 변화를 맞이하게 될 겁니다. 더불어 마음의 소리와 직관을 따라 용감하게 살아가는 나 자신의 모습을 발견하게 될 겁니다.

어제 하지 못한 것을 후회하는 것이 과연 무슨 소용 있을까요? 나는 지금 바로 할 수 있습니다!

내일 웃지 못한 것을 걱정하는 것이 과연 무슨 소용 있을까요? 나는 지금 바로 웃을 수 있습니다!

> "Change will not come if we wait for some other person or some other time. We are the ones we've been waiting for. We are the change that we seek."
>
> 우리가 다른 사람을 기다리거나 다른 때를 기다린다면 변화는 오지 않는다. 우리가 기다리던 것들은 바로 우리 자신들이다. 우리가 바로 우리가 찾고 있던 변화다.
>
> – Barack Obama(버락 오바마)

시도 했는데, 또 제자리에 있는 나를 발견할까 걱정이라고요? 괜찮아요! 그것도 아직 오지 않은 미래입니다. 그 미래도 바로 지금 이 순간이 될 것입니다. 그저 바로 지금 이 순간에 깨어 있으며 내가 가지고 있는 것들과 원하는 것들을 불러오는 징글 브레이크 시간을 가지고 그 안에서 내가 가장 원하는 긍정의 생각을 선택하면 됩니다.

어둠 속에서 새로운 광명을 찾은 헬렌 켈러는 "인생은 과감한 모험이던가, 아니면 아무것도 아니다"라고 말합니다. 바로 지금 이 순간에 머물며 최선을 다하는, 새로운 나를 찾아가는 여정들은 어쩌면 과감한 모험이 될 수도 있지요. 하지만 그 여정이 용감하게 내 마음과 직감을 따르고 살아가는 것이라면, 언제든 즐겁게 짐을 꾸릴 수 있지 않을까요?

"주위를 둘러보라. 그대가 해온 것이 무엇이 건, 그것은 끝이 아니다. 그것을 열고 다시 여행을 떠나라. 새로운 것들을 가져오라. 그것들 모두가 도울 것이다."

— 오쇼 라즈니쉬

 ### 새롭고 강한 나를 만드는 긍정의 주문들

💧 언제 어디서든 선순환 Jingle break 시간을 갖습니다.
　필요한 순간마다 울리는 징글벨이 나를 깨우고 내 삶을 깨웁니다.

💧 지금 이 순간 나는 긍정을 택합니다.
　긍정적인 변화가 시작되고 있습니다

💧 시원하게 기지개를 펴봅니다.
　오늘 나는 새롭게 시작합니다.

💧 오늘은 남은 인생의 새로운 시작입니다.
　희망과 의욕을 가지고 힘차게 일어납니다.

💧 오늘만큼은 모든 것을 유쾌한 마음으로 대합니다.
　모든 일을 활기차게 콧노래를 부르며 해봅니다.

💧 나를 남과 비교하지 않습니다.
　남의 시선이나 말도 신경 쓰지 않습니다.
　나는 세상에서 유일하고 소중한 사람입니다.

💧 내 안의 밝은 빛과 힘을 믿습니다.
　나는 환하고 멋진 사람입니다.

💧 오늘만큼은 과거의 나를 탈탈 털어버리고,
내가 원하는 미래의 모습에만 집중하며 현재를 살아갑니다.

💧 오늘만큼은 마음이 하는 말들에 귀를 기울입니다.
좋아하는 것과 즐겁게 할 수 있는 일들에 힘써봅니다.

💧 오늘만큼은 투덜투덜 불평하지 않습니다.
내가 가지고 있는 것들을 최고로 바꿀 수 있는 힘이
바로 지금 나에게 있습니다.

💧 우유부단함을 버리고 적극적으로 움직입니다.
자기합리화와 쓸데없는 변명은 오늘만큼 하지 않습니다.

💧 오늘만큼은 원했던 일들을 끝까지 해내고
뿌듯한 기분을 느껴봅니다.
나는 쉽게 포기하지 않습니다.

💧 어려운 일과 힘든 일을 마주치더라도
나만의 선순환으로 징글벨을 울려봅니다.
어려운 일들은 나를 강하게 변화시킬 것이고,
힘든 일은 나에게 다양한 삶의 해결책들을 알려줄 것입니다.

 ## 새롭고 강한 나를 만드는 이미지 트레이닝

I. 시각화

- 편안한 상태로 앉거나 누워보세요.

- 심호흡을 하며 몸과 마음의 긴장을 조금씩 풀어봅시다.
  들이마시고 내쉽니다.

- 오늘만큼은 자유롭게 상상해봅니다.
  눈을 감고 한계 없는 마음의 눈으로 그려봅시다.

- 나는 지금 내가 원하는 모습으로 변화되었습니다.
  변화된 내가 무엇을 하고 있는지 바라보세요.
  변화된 내가 어떤 기분인지 느껴봅니다.

- 어떤 표정을 하고 있는지,
  무엇을 어떤 방식으로 말하고 있는지도 살펴봅시다.
  어떻게 움직이고 행동하는지 주의 깊게 바라봅니다.
  아침부터 저녁까지 나의 일과와
  내 모습을 살펴보고 느껴봅시다.

II. 시각화

● 오늘만큼은 내가 목표를 이룬 모습을
마음속에 그려봅니다.

● 편한 자세로 눈을 감아보세요.
영화관에 앉아 있다고 상상해 보세요.
하얀 스크린에는 목표를 이룬 나의 모습이
상영되어 나옵니다.

● 지금 어디에 있나요?
혼자인가요? 아니면 누구와 함께 있나요?
주변을 둘러보세요. 무엇을 하고 있나요?
지금 느껴지는 기분은 어떤가요?
3년 후와 10년 후의 모습도 마음속에 그려봅니다.

새롭고 강한 나를 만드는 연습문제

오늘만큼은 기분 좋은 목표의 구체적인 계획을 세워 좋은 습관으로 만듭니다. 무엇을, 언제, 어떻게 할 건가요?

ex1. 운동으로 아름다운 몸만들기: 매시 정각 스트레칭(머리부터 아래로 돌려주고 풀기), 퇴근 후 집 주변 20분간 뛰기

ex2. 유창하게 영어 말하기: 잠자기 전 30분간 좋아하는 드라마를 통해 10분 듣고 10분 소리 내어 읽으며 10분 단어와 표현을 찾아보기

자신 있게
말하는 나

　어젯밤, 잠을 잘 자고 컨디션도 좋습니다. 그런데 오늘 회사에 출근했는데 동료가 "어제 한잔 했어? 피곤해 보이네?"라고 합니다. 그러자 다른 동료도 덩달아 "라면 먹고 잔 거 아니야? 얼굴도 부었어!"라며 거듭니다. 괜히 얼굴이 신경 쓰이고 갑자기 피곤해지기 시작합니다. 피곤하지 않은데도 "피곤해 보인다"라고 반복해 들으면 실제로 피곤해집니다. 반복되는 말의 단정은 정신뿐 아니라 신체적인 상태까지도 바꾸는 것입니다.

　물론 반대 상황도 연출됩니다. 누군가에게 "얼굴 좋아졌어"라는 소리를 반복해 들으면 기분이 좋아집니다. 기분이 좋아지니 표정도 밝아집니다. 그러니 사랑하면 예뻐질 수밖에 없습니다. 상대방이 사랑스런 눈길로 바라봐주고, 예쁘다고 말해주니 기분과 표정이 좋아질 수밖에 없지요. '말 한마디로 천 냥 빚을 갚는다'라는 오래된 속담을 굳이 되뇌지 않고도 우리는 말이 얼마나 강력한 힘을 가지고 있는지 알고 있습니다.

토익 점수 때문에 졸업을 못 할 거라며 찾아온 대학생 지영 씨는 단어든 표현이든 배우자마자 잊어버리는 듯합니다. 침울한 표정으로 자신은 바보이고 기억력도 형편없다고 말합니다. 이것 저것 이야기를 나누며 지영 씨가 언니와 어릴 적부터 비교당하며 "에구, 바보야! 이런 것도 기억 못하니?"라는 말을 자주 듣고 성장한 것을 알게 되었습니다. 성인에게도 반복되는 말의 힘은 큰 것인데, 어린 아이에게 가해지는 부정적인 말의 힘은 얼마나 강했을까요? 그래서인지 지영 씨는 모든 과목에서 부진했고 자신감도 없었다고 합니다. 하지만 유일하게 미술은 잘 했다네요.

지영 씨에게 미술 이야기를 하자, 화가들의 이름과 관련된 정보를 신나게 풀어놓기 시작합니다. 정말 대단한 기억력이었습니다. 저는 지영 씨에게 미술에 관심 없는 사람이 그런 정보를 외우는 것이 얼마나 힘든 것인지를 설명해 주었습니다. 그리고 바보 소리를 들어야 했던 이유는 머리가 나빠서가 아닌 스스로가 별로 관심이 없었던 것이었을 뿐이라는 것도 알려주었죠.

지영 씨는 스스로 '내가 관심과 흥미를 가지면 누구보다도 잘 이해하고 기억할 수 있구나!', '어떻게 점점 기억력이 좋아지고 있지?' 등 긍정의 선순환을 되풀이 했습니다. 지영 씨는 기억력에 대한 자신감을 얻어가며 표정과 목소리까지 밝아지기 시작했습니다. 결국 지영 씨는 필수 토익 점수를 가뿐히 넘기고 몇 달 뒤에는 상기된 목소리로 소식을 전해왔습니다. 꿈 꿔왔던 아트 갤러리에 취직이 되었다고 말입니다.

"너는 도대체 뭐가 되려고 그러니?", "너는 쉽게 포기해버려!", "너는 원래 약하잖아. 너는 못 할 거야!" 등 부정적 의미가 담긴 말을 반복적으로 꺼낸다는 것은, 결국 말을 건네는 그 사람을 그렇게 만들겠다는 굳은 의지가 담긴 것이나 다름없습니다. 또한 굳이 '너'라고 꼭 집어 이야기 하지 않아도 "인생이란 아무리 열심히 노력해봤자 고단하고 힘든거야", "인생 살아 뭐해? 지겨워 죽겠어" 등의 부정적인 말을 반복적으로 했다면, 그 주변 사람들 역시 그 말에 담긴 부정적인 영향을 받으며 살아갈 수밖에 없습니다. 특히 세상 모든 것들을 열린 마음으로 스펀지처럼 받아들이는 아이들에게 이런 부정적인 말들을 반복해 왔다면, 아이들은 고스란히 그 영향아래 자라게 됩니다.

"Words are singularly the most powerful force

available to humanity. We can choose to use this force constructively with words of encouragement, or destructively using words of despair. Words have energy and power with the ability to help, to heal, to hinder, to hurt, to harm, to humiliate and to humble."

말은 그것 하나만으로 인간이 사용할 수 있는 가장 강력한 힘이다. 격려의 말로, 건설적인 힘으로, 절망적인 말로 파괴적인 힘으로도 사용할 수 있다. 말에는 에너지와 힘이 담겨 있다. 누군가 돕거나, 치유하거나, 방해하거나, 다치게 하거나, 해하거나, 굴욕을 주거나, 겸손하게도 만든다.

— Yehuda Berg(예후다 베르그)

에디슨은 학교에서 말썽꾸러기 그리고 저능아로 불렸습니다. 활기차고 늘 긍정적이었던 어머니는 아들이 다니던 학교에서 편지를 받았지요. '당신의 아이는 정신적으로 문제가 있습니다. 우리는 그 아이가 학교에 다니는 것을 허락할 수 없습니다'라고 말입니다. 하지만 어머니는 눈물이 가득 고인 채 에디슨에게 이렇게 편지를 읽어주었습니다. '당신의 아들은 천재입니다. 이 학교는 너무 작아 그 아이를 교육시키기에 적합한 훌륭한 교사가 없으니 집에서 직접 가르쳐주시길 바랍니다'라고 말이죠. 이후 에디슨은 자신을 저능아라고 부르는 학교 대신 "얘야 너는 무엇이든 해낼 수 있단다"라며 에디슨을 믿어주고 밝게 말해주는 어머니의 지도 아래서 자라날 수 있었습니다.

훗날 어머니가 돌아가시고 최고의 발명가로서 전 세계에 변화와 영감을 가져다준 그는 책상 서랍의 구석진 곳에서 이 편지를 발견하고는 몇 시간을 울었답니다. 그리고 그는 일기에 'Thomas Alva Edison was an addled child. that, by a hero mother, became the genius of the century.'(토마스 엘바 에디슨은 저능아였습니다. 하지만 그의 영웅, 어머니에 의해 세기의 천재가 되었습니다.)라고 적었습니다.

영희 씨의 아이는 어렸을 적부터 허약했습니다. 감기도 자주 걸리고, 걸리면 폐렴까지 발전해 입원을 했지요. 또 배탈이 나면 장염까지 발전해 입원을 했습니다. 병원을 벗어날 수 없었던 영희 씨 부부는 역시나 "얘는 왜 이렇게 유독 허약하지? 정말 걱정이야"라는 말을 자주 했습니다. 이에 저는 영희 씨에게 "왜 이렇게 자주 아프고 허약할까?"라는 말 대신 다른 말을 되풀이 해줄 것을 조언했습니다.

바로 "너는 원래 건강하고 씩씩한 아이야. 우리가 아플 때는 몸 속에 나쁜 병균을 몰아내는 건강하고 튼튼한 세포가 만들어지고 있는 거야. 그래서 다음에 또 아프게 될 때 몸 속에 만들어진 건강한 세포들이 나쁜 병균들을 몰아내서 금방 낫게 될 거야!"라고 말입니다. 처음 영희 씨가 아이에게 "너는 건강하고 강한 아이야"라고 말했을 때 집안 어른들은 "그런 말 하지 마라. 부정 탄다"라고 말씀하셨다고 합니다.

긍정을 이야기하는 것이 부정 타는 것으로 언제부터 변질된 것인지 모르겠습니다. 희망을 말살하고 실패감에 젖은 힘없는 시민으로 키우려 했던 일제강점기 교육의 영향은 아닐는지요? 아니면 명령에 순종하는 의존적인 시민으로 키우려 했던 독재정치 교육의 영향일까요? 하여튼 가끔은 "건강 해질 것이다. 부유해질 것이다. 밝은 미래가 있을 것이다"라는 강한 힘을 키워내는 긍정의 말들이 '부정 탄다'는 편잔으로 무마될 때도 있습니다. 하지만 강하고 건강하게 성장하려는 개개인의 의지를 억압할 수는 없습니다. '긍정의 희망'을 가둘 순 없습니다.

영희 씨는 아이가 진정으로 건강해질 것이라는 믿음으로 계속되어 왔던 걱정을 모두 물리칠 수 있었습니다. 아이가 깨어 있을 때나 잠을 잘 때에 늘 건강한 믿음을 아이에게 속삭여 주었습니다. 걱정대신 믿음을 보내니 영희 씨의 마음도 편해졌지요. 영희 씨의 진심이 전해졌던 걸까요? 영희 씨가 작년 한해 가족 보험

료 청구로 병원비용을 떼었는데, 아이 병원비가 고작 3,400원 나왔다고 자랑스럽게 이야기합니다.

"Words are, of course, the most powerful drug used by mankind."
말은 확실히 인간이 사용할 수 있는 가장 강력한 약이다.
— Rudyard Kipling(러디어드 키플링)

속담처럼 말 한마디로 천 냥 빚을 갚을 수 있습니다. 못생긴 사람을 예쁘게도 만들고, 바보도 천재를 만들며, 병약한 사람을 건강한 사람으로 만들기도 합니다. 하지만 여기에는 반드시 진심이 있어야 합니다. 진심이 담겨 있을 때 진정 말의 효과는 엄청난 결과를 가져오게 되는 것입니다.

"I know nothing in the world that has as much power as a word. Sometimes I write one, and I look at it, until it begins to shine."
나는 세상에 한마디의 말만큼이나 강한 힘을 가지고 있는 것을 알지 못한다. 나는 때때로 그것을 쓴 다음 그것이 빛나기 시작 할 때까지 바라보곤 한다.
— Emily Dickinson(에밀리 디킨슨)

세계적으로 유명한 시인 에밀리 디킨스는 왜 말의 힘을 믿으면서 그것을 빛이 날 때까지 바라본다고 했을까요? 그건 그 말에 진심이 담기기를 간절히 바라는 마음 아니었을까요? 영희 씨도 마음속으로는 '우리 아이는 정말 허약하구나!'라고 생각하면서 "너는 건강한 아이다"라고 말했다면 과연 그 진심이 아이에게 전해졌을까요?

건강한 생각을 하는 사람들에게는 건강한 것들이 보입니다. 아름다운 것들을 보는 사람들은 아름답게 말하지요. 진심으로 말하는 사람들은 진심으로 행동합니다. 그 말이 겉으로 도는 껍데기인지, 혹은 나와 누군가를 빛나게 하는 진심이 담긴 말인지는 말하는 사람과 듣는 사람 모두 이미 알고 있습니다.

누군가를 바라볼 때 그 사람의 단점이나 나쁜 점을 보긴 쉽습니다. 하지만 누군가를 바라볼 때 긍정적이고 좋은 점을 바라봐 주며 그것을 빛나게 만들어 주는 것에는 용기와 연습이 필요합니다. 바로 지금 내 주변에 아파하는 사람이, 응원이 필요한 사람이, 말의 마법과도 같은 힘이 필요한 사람이 있을지도 모릅니다.

용기 있게 다가가 따뜻한 진심이 담긴 긍정을 전해 보는 게 어떨까요? "괜찮아! 탈탈 털고 씩씩하게 일어나자", "실패하더라도 다시 도전해봐! 나는 너를 믿어. 너는 꼭 해낼 수 있을 거야", "넌 정말 굉장한 사람이야. 나는 네가 그걸 잊지 않았으면 해"라고 말입니다. 그리고 언젠가 나에게 그 힘들이 필요해질 때, 내가 밝혀준 작은 빛들이 다시 내 곁으로 모여 들겠지요.

"Your words have power. Uplift someone today. Change their world."

당신의 말은 힘을 가지고 있다. 누군가의 오늘을 밝혀라. 세상을 변화시켜라.

— Caroline Naoroji(캐롤라인 나로지)

 말 잘하는 나를 만드는
긍정의 주문들

- 나의 언어는 부드럽게 변하고 있습니다.
  "괜찮아요. 이해해요."
  마음에 점점 여유가 생깁니다.

- 나는 진심을 담아 말을 합니다.
  점점 단점보다는 장점을 바라보는 게 좋아집니다.

- 나는 원하는 바를 간결하고 명료하게 표현할 수 있습니다.
  점점 말하는 것에 자신감이 생깁니다

- 나는 내가 원치 않을 때는 '아니요!'라고 분명히 말합니다.
  점점 내 마음의 소리에 귀를 기울이게 됩니다.

- 나는 남들의 이야기에 귀를 열고 경청합니다.

- 나는 부드럽고 안정적인 톤으로 이야기합니다.

- 행복해지는 것은 나의 습관입니다.
  나는 순간순간 감사를 표현합니다.

- 남들에게 맞추기 위해 거짓말을 하지 않습니다.

나는 스스로에게 정직합니다.
나는 점점 자유로워집니다.

● '안 된다', '할 수 없다' 대신 '할 수 있다!'라고 말합니다.

● 오늘만큼은 사랑하는 이들에게 이렇게 말합니다.
"오늘 하루도 수고 많았지요? 고마워요!"
"지금도 아주 잘하고 있어요. 그러니 괜찮아요."
"당신은 무엇이든 잘해낼 거예요. 나는 당신을 믿어요."
"당신을 만난 건 참 행운이야."
"당신이 있어서 얼마나 든든하고 좋은지 몰라."
"우리 항상 웃으며 즐겁게 살아요."

● 오늘만큼은 아이에게 이렇게 말해봅니다.
"너를 믿어. 너는 무엇이든 해낼 수 있어."
"안 되면 어때? 다시 해보면 되지!"
"다시 할 때마다 근사한 것들을 배워갈 거야."
"멋지게 자라고 있는 네가 너무 자랑스러워."
"네가 이 세상에 태어나서 얼마나 행복한지 몰라."
"너는 우리에게 좋은 일들을 가져다주는 복 덩어리야."

"너의 주위에는 좋은 일들과 응원해주는 사람들이
언제나 함께 할 거야."
"너는 큰 사랑을 받고, 받은 만큼 베푸는 멋진 사람이 될 거야."

💧 나는 이런 표현들을 즐겨 사용합니다.
"좋아요."
"기뻐요."
"정말 잘했어요."
"행복해요."
"최선을 다해요."
"건강해요."
"밝고 활기차요."
"사랑합니다. 감사합니다."

 ## 말 잘하는 나를 만드는
이미지 트레이닝

🌢 편안한 상태로 앉거나 누워보세요.
　심호흡을 하며 몸과 마음의 긴장을 조금씩 풀어 봅니다.

🌢 들이마시고 내쉽니다.
　오늘만큼은 자유롭게 상상해 봅니다.

🌢 눈을 감고 한계가 없는 마음의 눈으로 그려봅니다.
　나는 긍정적인 언어를 사용하며 밝게 변화되고 있습니다.

🌢 변화된 내가 무엇을 하고 있는지 바라보세요.
　변화된 내가 어떤 기분인지 느껴봅니다.

🌢 어떤 표정을 하고 있는지,
　무엇을 어떤 방식으로 말하고 있는지도 살펴봅니다.

🌢 어떻게 움직이고 행동하는지 주의 깊게 바라봅니다.
　아침부터 저녁까지 나의 일과와
　내 모습을 살펴보고 느껴봅니다.

말 잘하는 나를 만드는 연습문제

오늘만큼은 부정적인 질문이 아닌 긍정적인 질문을 합니다. 질문이 답을 만듭니다. 이제껏 부정적인 질문을 지속 던졌기에 악순환에서 벗어나올 수 없었던 것입니다. 이제 선순환을 부르는, 원하는 것을 질문하세요. 원했던 답들이 떠오릅니다.

  ex1. 왜 자꾸 짜증이 나는 거지?
  → 왜 점점 기분이 좋아지는 거지?
  ex2. 왜 이런 일만 생기는 거야?
  → 이 일들은 어떤 가르침과 교훈을 주려고 할까?
  ex3. 왜 자꾸 허무한 느낌이 드는 거지?
  → 어떤 새롭고 좋은 것들로 채워 넣어 볼까?

나를 만들어 가고 있던 부정적 말들은 무엇이 있을까요?
이제 선순환으로 바꿔보세요.

  ex1. 나는 덜렁거려서 실수를 잘해 → 나는 점점 침착해지고 있어. 나는 왜 점점 침착하고 여유로워 지는 걸까?
  ex2. 나는 말뿐이야, 실천을 못해 → 나는 생각한 것을 바로 실행하는 사람이야. 모든 경험이 나에게 좋은 교훈을 주고 있어. 나는 왜 점점 대범한 사람이 되어 가는 것일까?

끌리는 매력이
가득한 나

성호 씨는 꿈에 그리던 취업을 했습니다. 그런데 얼마 안 가 하루하루가 지옥이 되어 버렸지요. "영업부에 들어가게 됐는데, 선배가 너무 싫어요. 일을 가르쳐 준다는 명목으로 하루 종일 같이 붙어 있는데, 뭘 가르쳐 주기는커녕 잔심부름이나 시키고 마치 저를 자기 몸종으로 생각하는 것 같아요. 뭘 해도 싫은 듯 잔소리만 하고요. 선배랑 같이 입사한 동기들은 다 승진하고 본인만 누락됐대요. 그런 심보로 어떻게 승진하겠어요? 어렵게 들어간 회사인데, 그만둘 수도 없고 정말 미쳐버리겠어요!"라고 고통이 짙게 묻어나는 목소리로 하소연 합니다.

이에 저는 "성호 씨, 그 선배를 성호 씨의 편으로 만들어 보세요"라고 말했죠. 그랬더니 성호 씨는 "날 괴롭히려고 작정한 사람을 어떻게 제 편으로 만듭니까?"라고 대답합니다. 저는 다시 "누구든 자신을 진심으로 이해해주고 공감해주는 사람한테는 절대로 나쁘게 대할 수 없어요. 성호 씨를 괴롭히는 데에는 분명히 이유가 있을 거예요. 매사에 만족스럽고 행복한 사람이 누군가를 힘들게 괴롭히진 않을 테니까요. 그러니 좀 힘들 수 있겠지만, 그 이유를 한번 생각해보고 선배의 입장에서 공감할 수 있도록 한번 해 보세요"라고 조언을 해주었습니다.

몇 달 후, 성호 씨를 다시 만났을 때 그의 목소리는 바리톤에서 테너로 변해있었습니다. "선배는 아이들도 3명이나 되는데 턱없이 부족한 월급으로 스트레스를 많이 받는 거 같았어요. 선배 입장에서 생각하니 공감이 되더라고요. 같이 입사한 동기들이 상사가 된 것도 자존심 많이 상할 텐데, 부양해야 할 가족들 때문에 그 비위 다 맞춰가며 일해야 하는 선배가 좀 안 됐기도 하지 뭐에요? 그러니 선배가 회사나 동기들 흉을 볼 때 진심으로 맞장구를 쳐주게 되더라고요. 별거 아니지만 퇴근할 때 아이들 주라고 붕어빵도 사드리고요. 선배의 입장에서 이해할수록 왠지 저도 언젠가 가정을 이루게 될 텐데, 마음이 짠해지면서 잘해주고 싶더라고요."

선배를 공감하게 된 성호 씨의 회사 생활이 어땠을지 상상이

가시나요? 선배는 회사 업무를 최대한 친절히 가르쳐주는 것은 물론, 다른 선배에게 성호 씨가 혼날 때면 수호천사의 모습이 되어 나타나기도 했답니다. 이제는 절친 이상으로 서로를 믿고 의지하는 사이가 되었지요. 후배에게 최선을 다해 교육하는 선배의 모습이 인사고과에 반영되어 선배의 승진 소식까지 즐겁게 전하는 성호 씨가 되었답니다. 우리가 마음을 열고 상대방의 입장에서 공감해주면 상대방의 공격성과 방어제재는 사라지게 됩니다. 뿐만 아니라 상대방 또한 마음을 열고 좋은 에너지로 상승의 기운이 일어나게 되는 것이죠.

> "When you start to develop your powers of empathy and imagination, the whole world opens up to you."
> 당신이 공감과 상상의 힘을 기르기 시작한다면 모든 세상이 당신에게 활짝 열릴 것이다.
>
> — Susan Sarandon(수잔 서랜든)

민수 씨는 의심 많은 여자 친구 때문에 고민입니다. 대학교 때 만나 캠퍼스 커플로 항상 붙어 다니며 결혼까지 약속한 사이인데, 민수 씨가 취업을 하고 나서 모든 것이 달라졌지요. 여자 친구는 수시로 전화해서 여자와 함께 있는지를 확인한다고 합니다. 특히 회식이 있을 때에는 주변에서 여자 목소리라도 들리면 회식 자리까지 달려와서 민수 씨가 곤란할 때가 한두 번이 아니었다고 합니다. 일터에서 선배나 동료 등 자연스럽게 여자들과 이야기하고 부딪칠 수 있다는 것을 설득 시키려 해도 도통 먹히질 않는다고 토로합니다. 민수 씨는 여자 친구를 사랑하지만, 이제는 숨이 막힌다며 이별을 생각하고 있습니다.

이에 저는 "민수 씨, 이렇게 고민하지 말고 그 시간에 여자 친구 취업에 총력을 기울여 보세요. 여자 친구를 정말 사랑한다면 취업에 성공할 때까지 마음의 여유를 조금 가지고 여자 친구의 행동을 받아주시고요. 될 수 있으면 남자들 비율이 높은 회사에 여자 친구가 지원할 수 있도록 옆에서 힘 좀 써 봐요!"라고 조언을 했습니다. 민수 씨는 "열심히 함께 벌어서 멋진 곳으로 신혼여행을 가자"라는 동기부여를 하며 여자 친구의 취업에 도움을 보탰습니다. 여자 친구가 취업에 성공한 뒤, 민수 씨의 고민은 깔끔히 사라졌습니다.

"들은 것은 잊어버리고, 본 것은 기억하며, 직접 해 본 것은 이해한다."

- 공자

우리가 상대방의 입장에 서서 그 사람을 이해하고 공감해 준다면, 불화는 아예 싹 틀 수가 없습니다. 하지만 누군가를 그 입장에서 이해하고 공감해 준다는 것은 말처럼 쉽지 않습니다.

어느 날, 주차장 안으로 들어가려는데 입구 쪽에 트럭이 한 대 서 있었습니다. 입구 안으로 들어가게 뒤로 조금만 후진을 해 달라고 요청하니, 자신이 먼저 와서 자리를 잡은 것이라며 저보고 뒤로 돌아 들어가라고 퉁명스럽게 소리치며 이야기합니다. '아니, 이런 말도 안 되는!' 하고 순간 거대한 '욱'이 가슴을 박차고 올라왔습니다. 차 문을 열고 나와서 입구를 막고 있는 트럭 운전기사에게 따지려고 다가갔습니다. 그 순간 굉장히 피로하며 만사가 귀찮고 짜증나는 듯한 그의 얼굴을 마주하게 되었지요. 순간 욱했던 감정에 징글 브레이크가 떠오릅니다.

'세상이 얼마나 힘들고 짜증나면 시동 걸고 조금 후진하는 것도 싫은 걸까? 이 사람도 가정이 있을 텐데, 일 끝나고 집에 들어갈 때에는 아이들에게 조금이라도 웃을 수 있는 아빠가 되어 줬으면 좋겠네'라고 생각하자 사르르 '욱'이 사라지며 부드러운 미소가 떠오릅니다. "번거로우시겠지만 조금만 후진해 주시면 제 차가 다른 골목으로 돌아갈 필요 없이 주차장에 들어갈 수 있을 거 같아요. 부탁드립니다!"라고 부드럽게 말하자, 트럭 운전기사는 멋쩍은 듯이 헛기침을 하며 차를 후진해 주차장 입구의 공간을 내어주었습니다.

입구를 막고 있는 트럭 운전기사가 잘못을 한 건 분명하기에 부탁할 상황이 아닌걸 압니다. '뭘 그렇게까지 이해하고 부탁해야 하나'라고 반문할 수 있겠죠. 하지만 우리는 누구나 약한 감정의 소유자이고 크고 작은 하나 둘의 문제를 품고 있으니, 언제 어디서든 그 문제를 밖으로 표출할 수 있습니다. 그때 누군가가 우리를 무조건 손가락질 하며 비난하지 않고 조금만 따뜻하고 친절하게 다가와 준다면 그 문제를 고치기 훨씬 수월하진 않을까요?

명성진 저자의 「세상을 품은 아이들」을 보면, 비난 대신 따뜻한 이해를 건넸을 때 문제를 고쳐나간 아이들의 모습을 쉽게 만날 수 있습니다.

> 세상의 모든 짜증을 짊어진 모습으로 삐딱하게 서 있는 아이. 아이의 장점을 찾으려고 무던히 애를 쓰던 그때, 아이가 날 쫙 째려보아 얼결에 나온 말. 집에선 말썽꾸러기, 학교에서는 늘 문제아 취급을 받았던 아이가 처음으로 자신에 대해들은 긍정적인 말. "야, 네 눈빛 참 좋다!" 그 뒤 아이의 태도는 완전히 바뀌었다.

부족함 없는 환경과 합리적인 부모님. 왜 방황하는지 그리고 왜 아픈지 이해 못할 배부른 아이. 마음을 닫은 아이는 집을 떠나 거리로 나왔다. 외로운 그 아이의 마음 문을 연 등불 같은 한 마디. "너 많이 힘들었구나."

거짓이든, 참이든 아이들에게 너무나 필요했던 한 마디. 하루 아홉 시간 힘든 연습을 견디게 한 한 마디. 본드에 중독된 아이들이 본드를 끊고 음악에 중독되어 멋진 밴드로 거듭나게 한 한 마디. "너는 정말 재능이 있어. 넌 특별해."

— 「세상을 품은 아이들」(명성진 저) 中

"넌 대체 뭐가 그렇게 불만이니?"
"감사한 줄 모르고 배가 불렀구나, 배가 불렀어!"
"정신 못 차리는 문제아 같으니라고!"
이런 비난들은 아이들의 세상과 미래를 짓밟는 행동보다 더 잔인한 지도 몰라요. 비난이란 지워지지 않는 낙인처럼 누군가의 마음속에 오랫동안 남겨질 수 있으니까요.

"Try to be a rainbow in someone's cloud."
누군가의 구름에 무지개가 되어라.

— Maya Angelou(마야 안젤루)

한 남자가 어린 아이들과 함께 지하철을 탑니다. 아이들은 지하철에 타자마자 시끄럽게 떠들고 왔다갔다 제멋대로 입니다. 사람들은 자녀들에게 아무런 제재도 하지 않는 아빠를 향해 눈살을 찌푸립니다. 그때 옆에 앉은 여성이 따뜻하게 말을 건넵니다. "혹시 힘든 일이 있으셨나요?" 아이들의 아빠는 그제야 큰 두 손에 얼굴을 묻고 흐느낍니다. 아이들의 엄마가 큰 사고를 당했던 겁니다. 아이들이 있었던 터라 표시도 못 내고 충격에 빠져있던 남자는 옆자리 여성이 건넨 따뜻한 말에 그제야 흐느낍니다. 사람들의 눈빛이 경멸과 비난에서 안타까움과 연민으로 바뀌던 순간이었습니다.

힘들지도 모릅니다. 익숙하지 않아 많이 어색할 수도 있습니다. 하지만 조금만 용기 내어 건넨 상대방에 대한 이해의 눈빛과 언어는 차갑게 얼어붙은 누군가의 마음을 따뜻하게 녹일 수 있습니다. 세상을 환하게 밝힐 수 있는 것이죠. '나는 당신을 이해합니다'라는 눈빛으로 살아가는 당신에게 사람들과 세상은 무한한 사랑을 보낼 것입니다.

> 입술이 아름답고 싶으면, 친절한 말을 하라. 눈이 사랑스럽고 싶으면, 사람들에게서 좋은 점을 보아라. 몸매가 날씬해지고 싶으면, 네 음식을 배고픈 사람과 나누어라. 머

머리카락이 아름답고 싶으면, 하루에 한 번이라도 어린아이가 네 머리를 쓰다듬게 하라. 자세가 멋지고 싶으면, 결코 너 혼자 걷고 있지 않음을 명심하라.

사람들은 상처로부터 복구되어야 하고, 낡은 것으로부터 새로워져야 하며, 병으로부터 회복되어야 하고, 무지함으로부터 교화되어야 하며, 고통으로부터 구원 받아야 한다. 결코 누구도 버려져서는 안 된다.

기억하거라. 만약 도움의 손길이 필요하다면, 네 팔 끝에 있는 손을 이용하면 된다. 네가 더 나이가 들면, 손이 두 개라는 사실을 발견하게 된다. 한 손은 너 자신을 돕는 손이고, 다른 한 손은 다른 사람을 돕는 손이다.

— 오드리 햅번이 숨을 거두기 한 해 앞서 자식들에게 남긴 시

# 미소 가득한 나를 만드는 긍정의 주문들

- '우리는 서로 다르다'라는 것을 인정합니다.
  나와 다르게 생각하고 행동하는 것에
  마음 쓰지 않고 강요하지 않습니다.

- 상대방의 입장에서 바라보고 이해합니다.
  나는 점점 더 큰 사람으로 성장하고 있습니다.

- 나는 긍정적인 사람입니다.
  나의 밝은 에너지에 주위의 에너지도 함께 밝아집니다.

- 주변 사람들은 나를 비추는 거울입니다.
  사랑 가득한 나에겐 사랑 가득한 사람들이 함께합니다.

- 오늘만큼은 크게 미소 짓습니다.
  환한 미소는 나뿐만 아니라
  상대방의 두려움과 근심을 사라지게 만듭니다.

- 우리 집에는 행복이 가득합니다.
  짜증 대신 이해와 격려를, 찡그림 대신 유머와 웃음을 나눕니다.

- 나의 일터를 찾는 사람들이 따뜻함을 느끼도록

사랑의 온기로 채우고 맞이합니다.
이곳에 오는 모든 사람들이 편안해지기를 바랍니다.
좋은 사람들과 함께하는 일터는 행복합니다.

💧 오늘만큼은 이기심을 흘려보내고
상대방의 아름다운 점을 바라보고 칭찬합니다.
왜 점점 아름다운 것을 생각하고 바라보고
행동하는 것이 좋을까요?

💧 나의 당신을 이해하고 사랑합니다.
당신이 완벽하지 못하다는 것도 인정합니다.
나도 완벽하지 못합니다.
나는 점점 이해와 사랑으로 풍요로워집니다.

💧 오늘만큼은 눈을 맞추고 이야기합니다.
사람들을 신뢰하고 스스로도 신뢰할 수 있는 사람이 됩니다.
점점 사람들과 관계가 좋아집니다.

💧 오늘만큼은 풍요로운 마음으로 재물을 좋은 일에 쓰고,
어려운 사람들을 돕고, 더 행복하게 만드는데 사용합니다.
점점 더 나은 세상을 만들어 가는 내 모습에 끌립니다.

미소 가득한 나를 만드는
이미지 트레이닝

💧 편한 자세로 눈을 감아보세요.
　　영화관에 앉아 있다고 상상해 봅니다.

💧 하얀 스크린에는 성공적인 인간관계를 맺고 있는
　　나의 모습이 상영되어 나옵니다.

💧 지금 어디에 있나요?
　　누구와 함께 있나요?
　　무엇을 하고 있나요?

💧 주변의 환경을 둘러보세요.
　　지금 어떤 느낌인가요?

미소 가득한 나를 만드는 연습문제

원만하고 즐거운 인간관계를 만드는 질문을 만들고 그에 대한 답을 찾아봅니다.

> ex. 어떻게 하면 상사와 동료 혹은 직원 그리고 친구들과 즐겁게 지낼 수 있을까?

지금 함께하고 싶은 사람, 당신의 이상형은 어떤 사람인가요? 내가 원하는 이상형이 스스로 변화하길 원하는 모습일 수 있습니다.

> ex. 잘 먹고, 잘 웃고, 잘 자고, 일 잘 하는 사람!

나를 힘들게 했거나, 내가 힘들게 만들었던 사람이 있었나요? 잠시 그 사람의 입장이 되어 생각해 봅시다. 진심으로 이해해 보고 용서를 구하거나 용서를 해 봅시다.

건강해지고
아름다워지는 나

알레르기성 비염으로 눈물 콧물 빠지게 고생하던 김모양을 기억하시나요? 결국 김모양은 고등학교를 자퇴했습니다. 자퇴 후 매일 도서관에서 건강관련 서적들을 탐독하였습니다. 그리고 한 가지 깨달음을 얻게 됩니다. 모든 것은 나한테서 비롯되었다는 것, 즉 내가 가진 병은 모두 내 마음 때문에 그렇게 되었다는 것입니다.

돌아보면 신기하게도 그랬습니다. 초등학교 시절, 끔직한 사건 발생 후 김모양은 매일 악몽으로 시달리던 중 알레르기성 비염이 발병했지요. 하지만 학교생활이 즐거울 때는 언제 그랬냐는 듯 증상이 약해졌다가 심적으로 스트레스가 가득했던 고3 시절 또다시 지독한 증세에 시달려 결국 자퇴를 결심하게 된 것입니다. 즉 내 마음에 따라 병의 증세는 강해졌다 약해졌다를 반복했던 것입니다.

'내 마음? 그럼 내 마음을 어떻게 만나야 하지? 내 마음이 괜찮도록 어떻게 달래야 하지?'라고 처음으로 내 마음에 관심을 가져보기 시작했습니다. 그리고 그 마음을 들여다보기 위해 명상을 시작했습니다. 벽에 점을 찍어서 그 점에 집중하거나 초를 조용히 바라보기도 했습니다. 처음엔 가만히 앉아있기도 힘들었는데 나중엔 한 시간을 앉아 있어도 10분이 흐른 듯 집중이 잘 되었습니다. 그리고 몇 달 후 아주 신기한 일이 생겼답니다.

밥을 먹는데 신선한 야채에만 손이 가는 것이었습니다. 먹음직스럽게 보이는 고기도, 그 어떤 인스턴트 음식에도 젓가락이 가질 않는 거예요. '채식주의자가 되어야지!'라고 생각한 적도 없고 '건강하게 먹어야지!'라고 다짐한 것도 아닌데, 그냥 저의 몸이 고기와 인스턴트 음식들을 바라보지 않고 있었던 것입니다. 일부러 '해야겠다!'라고 하는 것이 아니었으니 신선한 음식들만을 먹는 것 자체가 기쁨이었습니다.

아삭아삭 채소들을 정말 맛있게 먹는 저에게 가족들은 갑자기 토끼가 되었다며 신기해했죠. 자연스럽게 채식주의자가 된지 4개월이 지난 후 어느 날 저녁 열이 나는 듯 온 몸이 달아올랐습니다. 저는 느낌으로 알았죠. 몸 안의 나쁜 독소들이 빠지고 있다는 것을요. 그 후 알레르기성 비염은 자취도 없이 사라지고, 깃털처럼 가볍고 건강해진 몸을 느낄 수 있었습니다.

"Health is not a condition of matter, but of Mind."
건강은 환경의 문제가 아니라 마음의 문제다.

– Mary Baker Eddy(메리 베이커 에디)

검정고시를 합격하고 대학에 입학하면서 저는 자연스럽게 고기와 인스턴트 음식들을 다시 먹게 되었지요. 건강해진 저는 더 이상 마음을 들여다보는 일을 외면했답니다. 졸업 후 스트레스가 가득한 직장생활을 시작하면서 피부 알레르기가 돋기 시작했습니다. 알레르기성 비염도 전처럼 심하진 않았지만 환절기 때면 나타나곤 했습니다. '마음의 힘'을 한번 체험해 본지라 이번에도 전과 같이 조용히 마음을 들여다보는 명상을 해보려 했습니다. 그러나 가득 찬 잡념과 피로하다는 생각으로 1분을 넘기기도 힘들었지요. 풀지 못한 일의 스트레스와 피로는 매일 아침 무거운 몸과 마음에 차곡차곡 쌓여갔습니다.

그러던 어느 날, 거울을 보니 목 오른쪽이 눈에 띌 만큼 부어 있었습니다. 그리고 국립암센터에서 갑상선암 진단을 받게 되었습니다. 반드시 수술해야 한다고 의사 선생님이 말씀하셨지만, 저는 수술대신 그동안 외면했던 나의 마음을 다시 만나보기로 했습니다. 명상은 집중이 안 되니 산책을 시작했지요. 뒷산이든, 조그만 언덕이든, 골목길이든 무작정 걸었습니다. 외부로만 향했던 안테나를 접고 조용히 걸었지요. 불안하고 어지러웠던 마음에 조금씩 평화가 찾아들었습니다.

"Calm mind brings inner strength and self-confidence, so that's very important for good health."
고요한 마음은 내면의 힘과 자신감을 가져다준다. 그래서 건강에 아주 중요하다.

- Dalai Lama(달라이 라마)

운동도 시작했습니다. 직장생활을 하면서 음식과 술로 인해 지속적으로 불어난 몸이 불편하다고 생각하면서도 막상 운동을 시작하면 언제나 작심삼일이었습니다. 하지만 이번엔 매일 못하더라도, 한 달에 몇 번만 하더라도 '죽을 때까지 한다!'라는 생각으로 플라잉 요가를 시작했습니다. 높진 않지만 공중 위에 떠 있는 신나는 기분, 해먹이 온몸을 지압하며 마사지 받는 시원한 느낌에 즐겁게 오랫동안 운동을 했답니다. 덕분에 살도 많이 빠지고 근육이 생겼지요. 몸이 탄탄해져서 활기가 돌았습니다.

　물을 마실 때에는 마시는 물이 내 몸의 노폐물과 독소를 빼 준다는 기분으로 천천히 마셨고, 음식을 먹을 때에는 맛있게 먹 으며 내 몸 곳곳에 골고루 필요한 영양을 준다는 감사한 마음으 로 천천히 음미하며 먹었습니다. 산책할 때에는 한 걸음씩 느리 게 걸으며 하늘 한번 쳐다보고 나무 한번 쳐다보며 깊게 호흡하 고 건강해지고 있음에 감사했지요. 감기가 걸리면 '휴식이 필요 하구나!'라고 생각해서 평소보다 더 많은 휴식을 취하며 몸을 따 뜻하게 해주고 수시로 따뜻한 차를 마시며 마음도 따뜻하게 위로 했습니다. 그럼 감기는 예전처럼 지독한 증세로 괴롭히지 않고 적당한 때에 흔적도 없이 사라져 버렸지요.

　이제 병은 생활에 꼭 필요한 것들을 알려주거나 내가 없애야 하는 나쁜 습관들을 없애주는, 나를 위한 소중한 신호로 받아들 이게 되었습니다. 알레르기성 비염이 아니었다면 내 마음을 들 여다보는 일에는 관심도 없었을 것이고, 갑상선암이 아니었다면 평생 운동하고 담을 쌓고 살았을 것입니다. 뿐만 아니라 충분한 휴식과 산책이 함께하는 평화와 여유가 가득한 건강하고 감사한 삶을 이끌어 내지는 못했을 겁니다.

어떤 증세들은 마음에 풀어내야 할 것들이 있음을 알려주기도 합니다. 편두통이 생겨서 마음을 가만히 들여다보면 누군가를 미워하는 마음이 둥지를 틀고 앉아 있기도 하고, 가슴과 등이 따끔거려 들여다보면 해결하지 못해 답답한 일들이 마음에 고여 있기도 합니다. 그 미움과 답답한 일을 흘려보내면 편두통과 통증은 언제 있었냐는 듯 사라집니다.

우리는 모두 몸과 마음이 연결되어 있다는 것을 잘 알고 있습니다. 하지만 그냥 알기만 하고 살아온 듯합니다. 몸을 건강하게 하기 위해 마음의 소리를 듣지 않고, 마음을 건강하게하기 위해 몸의 소리도 듣지 않았습니다. 몸이 아프면 병과 증세를 원망하며, 약이나 수술로 없애버리기에만 혈안입니다. 마음이 아프면 달래주고 풀어주는 방법을 몰라서, 아니면 바쁘다는 핑계로 아픈 마음을 돌봐주지 않습니다. 그래서 아프게 됩니다. 몸이 아프면 마음도 아프고, 마음이 아프면 몸도 아프게 됩니다.

나의 몸은 나 자신을 누구보다 사랑하고 있습니다. 나의 마음은 나 자신을 누구보다 사랑하고 있습니다. 그래서 스스로 일상에서 건강하고 행복한 생활을 깨뜨리는 마음이나 행동이 지속되면 건강한 나를 지켜내기 위해 통증으로 신호를 보냅니다.

무엇을 더 먹거나 마시거나해야 하고, 무엇을 덜 먹거나 마시거나해야 하는지 신호의 의미를 알아채기 위해서는 나만의 조용한 시간이 필요합니다. 좋아하는 음악을 틀어놓고 차나 커피를 마시는 시간도 좋습니다. 혼자만의 여행이나 산책도 좋고 명상도 좋습니다. 명상을 할 때에는 명상 음악을 틀어 놓고 하나의 점을 주시하거나 촛불을 바라보는 것이 집중에 도움이 됩니다. 유튜브에 명상 음악이라고 검색하면 클래식과 전통음악과 티벳 그리고 인도음악 등 다양한 명상음악이 나오는데, 그중 본인이 편안하게 느껴지는 것으로 고르면 됩니다.

명상 중 잡념이 들어도 괜찮습니다. 잡념이 들어오면 '내가 어떤 생각을 하나' 하고 그 생각을 바라코고, 또 다른 생각이 들어오면 그 생각을 바라봅니다. 내가 그 생각에 빠져있는 것이 아닌 그 생각을 바라본다고 생각하고 잡념들을 지켜보는 것 자체가 내 마음을 들여다보는 것입니다.

나 혼자만의 시간과 장소를 찾는 방법에는 정답이 없습니다. 그저 내 마음의 고요한 평화를 찾아낼 수 있는 장소나 시간과 함께 하면 됩니다. 내 몸의 신호를 소중히 받아들이고 건강한 삶으로 옮겨가느냐, 아니견 이번에도 그 신호를 무시하고 여전한 통증 속에 지내느냐 역시 나 자신의 선택입니다. 그 선택이 지금이 아니더라도, 너무 늦지는 않았으면 합니다.

"Pain (any pain--emotional, physical, mental) has a message. The information it has about our life can be remarkably specific, but it usually falls into one of two categories: "We would be more alive if we did more of this," and, "Life would be more lovely if we did less of that." Once we get the pain's message, and follow its advice, the pain goes away."

고통이란 감정적 고통이든, 신체적 고통이든, 정신적 고통이든 메시지를 전한다. 고통이 우리 인생에 대해 주는 정보는 대단히 구체적인 경우도 있지만, 보통 '이걸 했다면 더 오래 살았을 것', 아니면 '이걸 덜 하면 인생이 보다 사랑스러울 것' 이 둘 중 하나다. 일단 고통이 전하는 메시지를 받아 그 가르침을 따르면, 고통은 사라진다.

― Peter McWilliams(피터 맥윌리엄스)

 ## 식습관을 바꾸는 긍정의 주문들

● 오늘만큼은 내 몸과 마음을 들여다보기 위한
  나만의 조용한 시간을 가져봅니다.

● 나를 아프게 했던 나쁜 습관들은 흘려보냅니다.
  건강이야말로 진정한 나의 것입니다.

● 내 몸의 세포와 조직들이 조화롭게 작용하며
  면역력을 키우고 있습니다.
  자연스레 치유되는 내 몸에 감사합니다.

● 물로 몸속의 피로와 노폐물을 씻어낸다는
  감사한 마음으로 물을 마십니다.
  감사한 마음으로 물을 대했을 때
  물 결정은 아름다운 형태로 변합니다.

● 음식을 감사히 먹습니다.
  맛있게 섭취하는 모든 것들이 나를 건강하게 만들어 줍니다.

● 알맞은 양의 음식을 먹습니다.
  오랫동안 씹으며 맛을 음미합니다.

배가 부르다는 느낌이 들면 젓가락을 놓습니다.
적당한 포만감에 기분이 좋습니다.
음식들은 잘 소화되어 몸 구석구석 필요한 영양소로 채워집니다.
나는 점점 통제력이 강해지고 아름다워집니다.

💧 나는 내 몸이 좋아하는 건강한 음식들을 먹습니다.

💧 집안일을 할 때도, 일을 할 때도,
크고 활기차게 움직입니다.
운동을 한 것처럼 에너지가 소비됩니다.

💧 거울을 보며 웃는 연습을 합니다.
많이 미소 짓고, 많이 웃습니다.

💧 나는 몸과 마음을 자유롭게 풀어놓습니다.
아이처럼 유연하고 좋은 자세를 가지고 있습니다.

💧 표정과 행동은 바로 나 자신입니다.
어깨는 활짝 피고, 고개를 세우고,
미소를 띠우고 당당히 걷습니다.

● 몸과 마음은 연결되어 있습니다.
　몸을 건강하게 만들기 위해 마음의 신호를 듣고,
　마음을 건강하게 만들기 위해 몸의 신호를 듣습니다.

● 오늘만큼은 내 몸을 좋아하고 존중해 줍니다.
　불편함을 느낀다면 몸에게 따뜻하게 말을 걸어 봅니다.

● 나는 점점 건강해지고 있습니다.

식습관을 바꾸는
이미지 트레이닝

🌢 오늘만큼은 자유롭게 상상해 봅니다.
눈을 감고 건강하고 활기차게 생활하는
나를 떠올려 보세요.

🌢 나는 어떤 모습을 하고 있나요?
어떤 표정을 짓고 있나요?

🌢 건강한 나는 어떻게 먹고 있는지 살펴보세요.
건강한 나는 어떻게 움직이고 있는지 바라보세요.
건강한 나의 기분은 어떤지 느껴보세요.

식습관을 바꾸는 연습문제

지금 아픈 곳이 있나요? 몸의 균형이 깨져가고 있거나, 어떤 부정적인 감정이 건강을 가로막고 있다는 신호입니다. 건강을 위한 소중한 신호 귀 기울여 들어 볼까요?

> ex1. 두통: 구부정한 자세로 장시간 앉아 몸을 혹사해서 그런 건 아닐까? 책상 옆에 거울을 두고 수시로 자세를 체크해보자.
> ex2. 가슴통증과 등 따가움: 오랫동안 상사에 대한 미움과 스트레스가 쌓여서 그런 것 아닐까? 오늘만큼은 상사를 이해해 볼까? 생활이 얼마나 힘들면 저렇게 지독하게 행동하겠어.

스스로에게 사랑을 듬뿍 줄수록 밝게 빛난다는 것을 알기에 오늘만큼은 나의 몸을 칭찬해 주려고 합니다. 특별히 건강하고 아름다워지고 싶은 나의 몸에게 사랑을 보내주세요.

> ex. 나의 피부는 깨끗하고 탄력있으며 건강합니다. 세상에 열려가는 나의 눈빛은 점점 생기있고 밝게 빛납니다.

스트레스와 두려움에서 자유로워지는 나

　세상에 존재하는 생명체들은 모두 움직이며 흘러 들어오고 흘러 나갑니다. 어머니 자궁 안, 작은 점에 지나지 않았던 우리는 조그마한 뇌와 몸과 팔다리가 생기고 점점 사람의 형체를 갖춰가며 어머니의 몸에서부터 흘러 나왔습니다. 웃고 울기밖에 못했던 우리는 말도 시작합니다. 먹고 영양을 받으며 대소변으로 내보내 땅속의 거름이 되기도 합니다. 숨 쉬고 움직이며 대사 작용을 하고 열을 냅니다.

　기관마다 독립된 세포들은 때가 되면 소멸되었다가 새롭게 태어납니다. 피부는 확장되고 뼈와 근육은 자라납니다. 성장을 멈춘 후에도 우리의 몸은 끊임 없이 움직입니다. 장기들은 소화 작용을 하고 따뜻한 피는 심장을 거쳐 온몸을 흐릅니다. 병균이

침입하면 더 활발해지는 면역계와 몸의 균형을 잡는 호르몬계도 우리가 움직이지 않고 있다고 해도 쉴 새 없이 움직이고 있습니다. 사람뿐 아니라 자연도 흐르고 있습니다.

땅의 수증기는 공기 중에 흡수되어 비가 되어 내리고 강이 되며 바다가 되어 다시 강으로 흘러오그 수증기가 됩니다. 사람은 흙이 되고 흙은 나무를 만들며 나무는 산소를 주고 사람은 산소를 마시며 살아갑니다. 지구도 끓임 없이 자전작용과 공전작용을 하며 흐르고 있고, 우주도 소멸과 생성을 반복하며 흘러가고 있습니다. 모든 것이 이렇게 흘러갑니다.

> "In three words I can sum up everything I've learned about life: it goes on."
> 내가 삶을 살며 배운 모든 것을 세 단어로 축약할 수 있다: 계속 흘러가고 있다는 것.
> – Robert Frost(로버트 프로스트)

그런데 우리에겐 흘러가지 않고 요지부동하게 멈춰져 있는 것처럼 느껴지는 게 있습니다. 바로 다음속에 두려움과 걱정과 스트레스 등입니다. 어제도 있고, 오늘도 있습니다. 마치 그 자리에 박힌 것처럼 멈추어 있지요. 모든 것들이 흐르고 있는데, 왜 내 마음에 부정적인 감정들만은 멈추어 있을까요?

소희 씨는 30세가 넘었지만 결혼도, 취업도 하지 않았습니다. 소희 씨는 희망도, 사는 낙도 없다며 본인이 우울증을 가지고 있다고 말합니다. 부모님과 함께 살고 있었는데, 부모님도 감정적으로 많이 불안한 상태여서 집안에서는 서로에게 향하는 큰 소리로 조용할 날이 없다고 합니다. 소희 씨의 세상은 우울과 혼란으로 멈춰져 있습니다. 하지만 세상은 결코 멈추어 있지 않습니다.

소희 씨와 세상에 흘러가는 것들에 대해 이야기했습니다. 비가 오고 흐린 날이 지나 맑은 날이 오고 태풍이 불기도 하며 미풍이 불기도 한다고 말이죠. 하늘 위의 구름도 흘러가고, 달도 흘러가며 다른 위치와 다른 모습으로 밤하늘에 떠 있기도 합니다. 우리가 생각하는 것들과 감정들도 결국은 흘러갑니다. 돌아보면 우리는 몇 년 전의 걱정과 스트레스가 뭐였는지 잊어버리기도 합니다. 하지만 어떤 부정적인 감정이 한 자리에 멈추어 있는 건, 우리가 그걸 손에 쥐고 있기 때문입니다. 자꾸 그것만 들여다보기 때문입니다.

직업도 없고, 가진 것이 없다고 생각하니 불안합니다. 미래를 생각해도 불안합니다. 그래서 현재와 미래도 불안 속에 있는 것입니다. 집에 들어가면 평화롭지 못한 집안 분위기에 다시 불안해집니다. 결국 집 안에도, 집 밖에도 세상 속에 존재하는 것은 모두 불안이 되어 버리는 것입니다. 하지만 불안이라는 것도 나 자체가 아닌 시시때때로 변하는 감정에 불과한 것입니다.

소희 씨는 불안이라는 감정을 흘려보내기로 했습니다. 그녀는 수평선과 닿아있는 넓은 바다를 보면 마음이 편안해진다고 합니다. 소희 씨는 혼자만의 시간이면 조용히 눈을 감고 불안이 조금씩 빠져 나가고 있다고 상상했습니다. 그리고 그 자리에 넓고 아름다운 바다 이미지를 마음속으로 들여보내는 연습을 했습니다. 감정 흘려보내기를 통해 불안은 조금씩 소희 씨의 마음에서 흘러나갔습니다. 그리고 따뜻한 햇볕이 내리쬐고 물결이 잔잔하게 일렁이는 한없이 넓은 바다가 그녀의 마음 안으로 흘러 들어왔습니다.

더불어 소희 씨는 커피숍에 시간제 근무로 일을 시작했습니다. 그녀는 커피 만드는 일이 재미있다며 바리스타 자격증도 땄습니다. 소희 씨는 가끔 불안이 흘러나가고 달콤한 커피향이 흘러들어오기도 한다며 농담을 합니다. 이제 어둡고 불안한 소희 씨를 만나는 일은 힘들게 되었습니다. 소희 씨는 부모님에게도 감정 흘려보내는 법을 전수했다며 활짝 웃습니다. 그녀는 언젠가 부모님에게서 독립하고 커피숍 사장이 되겠다는 희망을 오늘도 달콤한 커피 향에 녹여내고 있습니다.

When some great sorrow, like a mighty river,

Flows through your life with peace-destroying power

And dearest things are swept from sight forever,

Say to your heart each trying hour:

"This, too, shall pass away."

When ceaseless toil has hushed your song of gladness,

And you have grown almost too tired to pray,

Let this truth banish from your heart its sadness,

And ease the burdens of each tring day:

"This, too, shall pass away."

― Lanta Wilson Smith's 〈This, too, shall pass away〉 中

큰 슬픔이 거센 강물처럼

그대의 삶으로 밀려와 마음 흔들고

소중한 것들을 가져가 버릴 때

그대 가슴에 대고 말하라.

"이것 또한 지나가리라."

끝없이 힘든 일들이 감사조차 할 수 없게 하고

기도하기에도 너무 지칠 때

이 진실의 말이 그대 슬픔을 사라지게 하고

힘겨운 하루의 무거운 짐을 벗어나게 하리라.

"이것 또한 지나가리라."

- 랜터 윌슨 스미스의 〈이것 또한 지나가리라〉 中

성인을 대상으로 한 어학원이 잘되자 욕심이 생겼습니다. 그래서 성인 대상 어학원의 두 배 이상 규모인 아이들 대상 어학원을 오픈했지요. 하지만 생각과 달리 운영은 점점 힘들어졌고, 결국 아이들 대상 어학원은 문을 닫게 되었습니다. 당장 월세나 인건비 등 운영비를 내야 할 돈도 없었지요. 몇 날 며칠을 혼자 고민하며, 전기세도 아까워 불 꺼진 깜깜한 학원 안을 돌아다니다가 모서리에 부딪쳐 엉엉 울기도 했습니다. 그때에도 저는 어김없이 저의 연약한 감정과 대면해야 했습니다. 지금 생각하면, 그 정도 일로 '그만 살고 싶다'라고 생각까지 했으니까요.

그날도 '어떻게 해야 하나!'를 고민하며 창밖을 바라보고 있었습니다. 새파란 하늘에 흰 구름이 흘러가고 있었습니다. 어렸을 때 자주 불렀던 동요가 떠올랐습니다. 그리고 문득 생각해보니, 지금의 저는 그때의 힘들 때 생각이나 감정은 온데간데없고 전혀 다른 감정의 고민으로 죽겠다며 하늘을 바라보고 있었습니다.

'아, 그때 너무 힘들었는데… 그때의 죽을 만큼 힘들었던 그 감정들과 고민들은 이제 모두 사라지고 없구나'라고 생각하니, 문득 '지금의 이 고민도 저 흰 구름처럼 흘러가겠구나!'라는 생각이 스쳐지나갔습니다. 그리고 자리에서 일어났습니다. 월세를 어떻게 내야 할지, 인건비와 운영비를 어떻게 충당할지 등 현실적인 것은 해결된 게 아무것도 없는데 기분은 홀가분해졌지요. 하늘의 마법이었을까요, 아니면 구름의 축복이었을까요?

그날 오후, 한 커플이 어학원에 찾아와 등록을 했습니다. 회사에서 교육비를 모두 지원해 주는데, 몇 달치를 미리 등록한다는 것입니다. 그리고 그 부부가 소개해준 회사 사람들이 모두 그런 방식으로 등록을 해 주었고, 저의 고민은 바로 해결되었답니다. 불안하고 조급하며 안달 나는 마음으로는 어떠한 것도 보이질 않습니다. 하지만 평화롭고 고요해진 마음에는 인생의 답들이 살포시 비춰지기도 하지요. 그 답들을 내가 보지 못한다 하더라도, 평화로워진 나에게 보이지 않는 무언가가 상을 내려주듯 답을 보여주는 것입니다. 그런 고요한 마음을 가지기 위해 흘려보내기를 본격적으로 활용해 봅시다.

걱정이나 스트레스가 마음을 점령하고 안착했다 싶으면, 조용히 눈을 감고 부정적인 감정들이 손에 손을 잡고 몸 밖을 흘러 나가는 것을 상상해 봅니다. 언젠가 금세 또 무법자처럼 내 마음 속에 찾아와 '여기 내 자리야!' 하고 옛 역권을 주장하겠지만, 괜찮습니다. 그런 무법자들을 향해 승리의 미소를 지으며 다시금 부드럽게 흘려보낼 수 있으니까요.

지금 내 마음을 차지하고 있는 무법자가 누구인지 보세요. 두려움인가요? 불안인가요? 미움 혹은 원망인가요? 그 무법자가 얼마나 오래 내 마음 속에 머물렀나요? 일주일 혹은 한 달인가요? 아니면 일 년인가요? 얼마나 오래 머물렀든 상관없어요. 무법자를 내보내기로 마음먹었다면 이제 보내주세요. 좁은 그 마음 안에서 아등바등 그러고 있지 말고, 더 넓은 세상으로 훨훨 흘러가라고 응원해 주세요.

무법자가 사라진 고요한 내 마음 속 세상이 처음엔 어색할 수도 있겠지만, 햇살 가득한 파란 하늘의 이미지로 채워보기도 하고 아름다운 바다 위를 한가로이 보트 위에 떠다니는 나의 이미지로 채워보기도 하며 내가 좋아하는 것들을 하고 있는 나의 이미지로 가득 채워보세요. 그러면 마음은 점점 평화로워집니다.

그래도 또 다시 두건을 두른 무법자, 창과 총을 가진 무법자, 두꺼운 갑옷을 입은 무법자 등 다양한 검은 세계의 무법자들이 우리가 세상을 떠나는 날까지 마음 안으로 들어오겠지요. 하지만 우리가 그러한 감정들로 흘러간다는 걸 알고 그들을 자연스레 흘려보내는 이상 그들은 큰 인명이나 재산피해 없이 아무런 소동도 없이 내 안이 아닌 세상 밖으로 물러납니다. 끊임 없이 세상이 움직이고 흘러갑니다. 나의 생각과 감정도 끊임 없이 흐르고 있습니다. 그러니 괜찮습니다.

> "It is better to conquer yourself than to win a thousand battles. Then the victory is yours. It cannot be taken from you, not by angels or by demons, heaven or hell."
>
> 천 번의 싸움에서 이기는 것보다 나 자신을 정복하는 것이 훨씬 낫다. 그러면 승리는 언제나 나의 것이다. 그 승리는 천국에서든 지옥에서든 천사에게서든 악마에게서든 누구에게도 뺏기지 않을 것이다.
>
> — Buddha(붓다)

삶의 공포에서 벗어나는 긍정의 주문들

🔹 오늘만큼은 왜냐고 따지지 않습니다.
나름대로의 이유가 있겠지요.

🔹 조용히 눈을 감고 부정적 감정들을
밖으로, 밖으로 흘려보냅니다.

🔹 수시로 아름다운 자연과 거대한 우주공간을 떠올립니다.
신비롭고 무한한 공간 안에서
나의 두려움과 걱정들은 티끌처럼 사라집니다.

🔹 오늘만큼은 두려움과 걱정 안에 갇혀있지 않고
밖에서 바라봅니다.
할 수 있는 일은 바로 하고,
할 수 없는 일은 흘려보냅니다.

🔹 소중한 시간을
비난하거나 남들과 비교하는 데 낭비하지 않습니다.
나는 지금 이 순간 이대로의 내가 점점 더 좋아집니다.

🔹 나는 용서하려 합니다.
미움과 증오의 감정으로

스스로를 상처주고 해치는 일은
이제 더 이상 하지 않을 것입니다.
오늘만큼은 잊어버리겠습니다.
오늘 나는 내 마음을 가두는 일들로부터 자유로워집니다.

● 오늘만큼은 조급함을 버립니다.
여유 있는 마음으로 내가 가진 것들에 감사합니다.

● 불안 속에 산다면, 불안에서 벗어날 수 없습니다.
오늘만큼은 마음에 파랗고 넓은 하늘을 담아봅니다.
내 마음을 힘들게 하는 부정적인 생각들은
하늘같이 넓은 마음 안에서 그저 작은 점이 되어 사라집니다.

● 누군가를 위해 걱정을 하고 있다면
그것은 부정적인 에너지를 보내고 있는 것입니다.
오늘만큼은 걱정 대신 잘 해낼 수 있다는
믿음과 긍정의 에너지를 보냅니다.

● 부모님을 이해하고 사랑합니다.
그들이 완벽하지 못하다는 것도 인정합니다.
그들만의 방식으로 나를 사랑하고

최선을 다하셨다는 것을 알고 있습니다.
나는 부모님을 더 이해하게 되고 사랑하게 됩니다.

💧 오늘만큼은 사소한 것들에 신경 쓰지 않습니다.
남 탓도 하지 않습니다.
나는 마음이 넓은 사람입니다.

💧 오늘만큼은 적당한 휴식을 취합니다.
문제나 두려움이 해결된 모습을 마음속에 그려봅니다.

삶의 공포에서 벗어나는
이미지 트레이닝

💧 편한 자세로 눈을 감아보세요.

💧 영화관에 앉아 있다고 상상해 보세요.
하얀 스크린에는 문제와 스트레스가 해결된
나의 모습이 상영되어 나옵니다.

💧 지금 어디에 있나요? 주변의 환경을 둘러보세요.
그 문제와 스트레스가 어떻게 해결되어 있는지 바라보세요.

💧 지금 어떤 느낌인가요?
보고 느낀 모습을 적어보세요.

삶의 공포에서 벗어나는 연습문제

두려움, 스트레스, 부정적 생각 등도 내 감정의 한 부분입니다. 따라서 오늘만큼은 그 감정들을 눌러 없애는 것이 아니라 인정해주려 합니다. 진심으로 이해해줄 때 그 감정들이 자유롭게 흘러갈 수 있습니다.
부정적 생각이나 감정을 적어보세요. 왜 이런 감정을 가지게 되었는지 이해해주세요. 충분히 이해해주고, 이제 그 감정이나 생각을 떠나보낼 수 있다면 지우개로 지워주세요.

ex1. 아침의 우울감: 그날 하루 뭔가 기대할게 없다는 것이 우울감을 만들고 있지는 않을까?
저녁 무렵의 허탈감: 똑같이 반복되는 하루에 대한 허무함 때문이 아닐까?
새로운 시각과 생각으로 하루를 대해 보자!

평화롭고 조용하게 나와의 대화를 통해 부정적 에너지를 흘려보낼 수 있는 시간을 가져봅니다(언제, 어디서, 어떻게).

ex1. 휴식시간, 사무실, 잠시 눈을 감고 부정적 감정을 흘려보내고 아름다운 숲을 흘려보내야지!
ex2. 공부할 때 매시간 정각, 도서관, 잠시 눈을 감고 스트레스는 흘려보내고 원하는 직장에 합격해 기뻐하는 나와 가족들의 모습을 떠올려야지!

언제 어디서나
성공과 함께하는 나

안 되는 일이 많고 가진 것 없던 저는 성공한 사람들의 이야기나 자기계발서를 열심히 읽기 시작했습니다. 그리고 그들의 공통적인 성공 비결을 알아냈지요. 그 성공 비결을 두 가지고 간단히 요약해 보겠습니다. 첫째는 생생히 그려본다! 둘째는 한다! 입니다. 생생히 그려보고 거침없이 시작해 버리는 것이 가장 좋겠지만 순서가 바뀌어도 괜찮습니다.

초등학교 때 당한 사건과 그 후에 계속되었던 악몽 때문에 저는 혼자서 길을 걷는 것조차 두려운 소심한 성격으로 변해가고 있었습니다. 골목길에 누군가의 발자국 소리가 뒤에서 들리기만 해도 다리가 후들거리고 움직이는 게 힘들 정도였습니다. 발가벗고 거리를 뛰어다녔다는 수치심에, 그때 그 거리에 있던 사람이 저를 알아보고는 손가락질하고 수근 댄다는 망상에 수시로 가슴이 뛰었습니다. 그렇게 괴로운 나날들을 보내는 중, 어느 날은 하교 후 교문을 나서는데 남자 아이들이 운동장에서 축구를 하고 있었습니다. 무더운 여름철의 더위를 씻어내는 시원한 비도 쏟아지고 있었습니다. 남자 아이들은 웃통을 벗은 채 짧은 반바지만 입었는데, 그나마 반바지도 비와 뛰어다님에 휩쓸려 엉덩이에 달랑거린 채 겨우 걸쳐져 있었습니다. 그럼에도 남자 아이들은 신나게 환호하며 소리치고 운동장을 뛰어다녔죠. 집에 가는 것도 잠시 잊고 그 모습을 한참 멍하니 지켜보았습니다. 돌아가는 길에 남자 아이들처럼 머리를 짧게 잘랐지요. 옷도 남자 아이처럼 입고 다니고 행동도 남자 아이처럼 하기 시작했습니다.

조금씩 거리를 걸어 다닐 때의 두려움과 누가 나를 알아본다는 수치심이 사라지기 시작했습니다. 오히려 빗속을 반나체로도 거침없이 뛰어다니던 그 남자 아이들처럼 당당해지기 시작했습니다. 두려움과 수치심이 꼬리까지 자취를 감추기 시작할 때쯤 다시 머리를 기르며 남자 아이에서 여자 아이가 되었습니다. 아마 그때 어렴풋 느꼈던 것 같습니다. 아무리 큰 두려움일지라도 그 존재는 내 마음 안에서 만들어 지는 것이고 나의 마음에서 사라질 수도 있다는 것을 말입니다.

우리가 무언가를 하지 못하는 것은 두려움 때문입니다. 두려움은 우리를 소극적으로 만들고 움직일 수 없게 만듭니다. 하지만 어떤 두려움이든, 어떻게 해서 극복을 해내든 그것을 극복한 뒤에는 더 당당해지고 훌쩍 성장한 멋진 자아를 만나게 됩니다. 혹자는 두려움이 아니라 귀찮음 때문이라고도 말합니다. 하지만 만약 '한다'라는 것에 대한 확실한 성공의 보장이 있다고 믿는다면, 어느 누구라도 귀찮다는 생각없이 그냥 했겠지요. 그러니 성공의 보장을 목표로 '한다'가 아니라 '한다'라는 것 자체에 의미를 두고, 해 나가는 것 자체에 의미를 둔 시작이라면 두려움이나 귀찮음들은 내던져 버리고 시작할 수 있습니다.

"You gain strength, courage, and confidence by every experience in which you really stop to look fear in the face. You are able to say to yourself, 'I lived through this horror. I can take the next thing that comes along.'"
두려움에 맞선 모든 경험들에 의해 당신은 힘과 용기와 자신감을 얻는다. 그리고 '나는 두려움을 극복했으니 다음 것도 기꺼이 받아들일 수 있다'라고 말할 수 있을 것이다.
― Eleanor Roosevelt(엘리너 루스벨트)

처음에 힘들 수는 있습니다. 저도 커피숍에서 7명을 모아놓고 영어를 가르친 것이 첫 사업은 아니었지요. 취업은 안 되고 뭐라도 해야겠다 싶어 온라인 쇼핑몰 사업을 시작했습니다. 오리엔탈 느낌이 물씬 풍기는 태국의 옷과 인테리어 소품을 파는 곳을 열었는데, 자본이 많이 없다보니 광고도 힘들었고 매입도 어려웠습니다. 일 년도 안 돼 접을 수밖에 없었지만, 실패한 첫 사업을 통해 사업을 열고 사이트를 운영하며 홍보에 대한 방법들을 배우게 되었습니다. 다음 사업이 꾸준히 잘 되어갈 수 있는 기반을 잡을 수 있었던 것입니다. 그리고 얼마 안 되는 자본을 첫 사업에서 모두 소진했기에 한 푼도 없이 사업을 시작해야 하는 어쩔 수 없는 용기를 낼 수 있는 기회도 얻었습니다.

다음 사업을 시작하고 나서도 '한다!'는 멈추지 않았습니다. 앞서 소개한 내용처럼 대상을 달리한 어학원을 오픈했다가 다시 실패도 합니다. 아이들을 너무 좋아해서 사업 시작 전 눈앞에 생생히 그렸을 때 아이들과 신나게 놀며 영어로 말하는 모습이 그려졌기에 거침없이 추진했던 일이었습니다. 하지만 아주 중요한 부분을 그려보는 것을 놓쳤습니다. 아이들을 등록시키는 것은 엄마들이라는 것입니다.

'말'이라는 것을 자연스럽게 습득할 수 있도록 교육하고 싶었으나 현재 영어 교육에서는 시험 성적이 얼마 이상이 나오는 게 중요했습니다. 즉 제일 중요한 환경에 대한 시각화 그리기가 빠졌던 것입니다. 덕분에 요즘 '한다!'라고 외치고 일을 시작할 때에는 환경에 대한 그리기를 빼놓지 않습니다.

운동을 해야겠다고 마음먹고 플라잉 요가를 시작했는데 너무나 재밌고 시원했습니다. 그런데 수업시간에 선생님이 "아니, 이런 것도 못해요?"라는 핀잔과 눈빛이 불쾌했습니다. 같이 수업받는 분들 중에는 주눅이 들어 안 나오는 경우도 있었습니다. 당시에 플라잉 요가를 가르치는 곳이 별로 없어 '내가 하나 차려버릴까?'라는 생각이 들었습니다. 실력 있고 친절한 선생님들이 가르치는 수업을 그려보고 현재 환경과 1년 후 그리고 10년 후 환경도 그려보았습니다. 아무리 기술이 발전한다고 하더라고 바른 자세와 근육이 잡힌 건강한 몸을 만드는 방법은 운동밖에 없습니다. 허리통증과 척추측만 그리고 골반교정에 탁월하고 전신근육을 만들어 몸의 균형을 잡아주는 플라잉 요가인 만큼 미래에도 꾸준할 수 있는 운동으로 그려졌습니다.

결심을 하고 시각화 작업을 하며 앞서 다양하게 배운 경험 덕에 모든 일들을 일사처리로 진행할 수 있었습니다. '차려버릴까?'라고 생각한지 석 달 만에 플라잉 요가센터를 오픈했습니다. 결과는 대성공이었습니다.

"Take chances, make mistakes. That's how you grow. Pain nourishes your courage. You have to fail in order to practice being brave."

기회를 잡고, 실수도 하라. 그것이 성장의 방법이다. 고통이 당신의 용기를 키운다. 용기 내는 법을 연습하기 위해서 당신은 실패를 해봐야 한다.

— Mary Tyler Moore(매리 테일러 무어)

가끔씩 '한다!' 전에 '준비가 안 됐는데…', '충분히 아는 전문가가 아닌데…'라고 망설이기도 합니다. 충분히 준비가 되고 잘 아는 전문가라면 당연히 더할 나위 없이 좋겠지요. 하지만 일단 바로 시작하면서 몰랐던 것을 배워나가는 것도 좋습니다. 그러면서 전문가가 되어 갈 수도 있습니다.

전문 요가인이 아닌 상태에서 시작했기에 모든 요가센터의 운영을 회원의 시선에서 바라볼 수 있었습니다. 회원 입장에서 이름을 불러주고 챙겨주는 친절한 센터, 마음처럼 몸이 잘 따라주지 않더라도 마음 편하게 친절히 이끌어주는 선생님, 딱딱한 분위기가 아닌 집처럼 편안하게 운동할 수 있는 곳으로 말입니다. 우리의 고객들은 전문가들이 아니라 일반인들입니다. 그러니 일반인인 제가 일반인의 시선에서 바라볼 수 있는 딱 그 위치에서 시작하는 것도 좋은 방법이 될 수 있었습니다. 실제로 소비자로서 불편을 느껴 그 불편을 개선해보고자 아이디어를 내어 사업을 시작하게 된 경우를 우리는 뉴스에서 쉽게 접할 수 있습니다.

사업을 운영하는 자리에 오랫동안 있다보니 고용인으로서 더 많이 '한다!'를 못해 본 게 아쉽기만 합니다. 이건 어느 사장님을 만나도 비슷한 마음이더군요. 이런 회사에서 이런 것도 배워보고 싶고, 저런 회사에서 저런 것도 배워보고 싶습니다. 직접 현장에서 배우는 것과 책으로만 배우는 것의 차이는 교과서만 읽어 본 것과 교과서의 내용을 현장에서 체험해 본 것처럼 천지 차이일 수밖에 없으니까요. 그러니 일의 성공을 원한다면 하세요! 남들의 이야기들만 따라가기 보다는, 수많은 시험과 자격증 그리고 학원들의 책상에 고개를 묻기보다는 정말로 내가 원했던 걸 찾아보세요. 찾지 못했다면 그걸 찾기 위해 뛰어드세요. 준비가 안 된 거 알아요. 그래도 해 보세요. 하면서 배워나가고, 배우는 걸 즐겨보는 겁니다.

오랫동안 한자리에 머물렀다면, 오랫동안 행복하지 않았다면 지금 일어나 보십시오. 어쩔 수 없이 다른 일을 할 수 없다면 머물면서도 행복할 수 있는 방법을 찾아보십시오. 보고 듣고 만지고 느끼며 걸어가 보십시오. 진짜 나를 만나고, 진짜 내가 세상에서 정말로 원하는 걸 만나길 바랍니다.

"Your time is limited, so don't waste it living someone else's life. Don't be trapped by dogma – which is living with the results of other people's thinking. Don't let the noise of others' opinions drown out your own inner voice. And most important, have the courage to follow your heart and intuition."

당신의 시간은 제한되어 있으니 다른 누군가의 삶을 사느라 삶을 낭비하지 마라. 다른 사람들의 생각의 결과에 사는 도그마에 빠져 갇혀 있지 마라. 다른 사람들의 목소리가 당신 내면의 목소리를 듣지 못하게 놔두지 마라. 그리고 가장 중요한 것은 당신의 마음과 직관을 따르는 용기를 가지는 것임을 잊지 마라.

– Steve Jobs(스티브 잡스)

 ## 창의력을 자극하는 긍정의 주문들

● 나는 '문제'를 '기회와 축복'이라고 여기는
  긍정적인 태도를 가지고 있습니다.
  나는 문제가 두렵지 않고
  충분히 극복할 수 있는 도전처럼 느껴집니다.

● 나는 생각한 바를 실행하는 사람입니다.
  그러면서 배우고 지혜를 터득해갑니다.

● 나에겐 원하는 것들을 해내는
  강한 힘이 있습니다.

● 오늘만큼은 다른 이의 성공법을
  적극적으로 배우며 나 자신을 성장시킵니다.

● 나는 걱정을 털어버리고
  몸과 마음이 좋아하는 것들을 선택하고 집중합니다.

● 나는 하고 있는 일을 사랑하고
  즐길 수 있는 방법을 찾아냅니다.

● 나의 창의력과 능력을 적극적으로 발휘하고 표현합니다.
  나에게 점점 좋은 기회가 많이 찾아옵니다.

● 나의 내면은 성공의 자원으로 가득 차 있어
  필요한 곳에 적절히 이용해 성공적인 결과를 얻습니다.

● 실패에 실망하거나 무너지지 않습니다.
  실패의 원인을 객관적으로 파악하고 좋은 해결책을 알아냅니다.
  하면 된다는 마음가짐으로 다시 시도합니다.

● 오늘만큼은 재충전의 시간을 갖습니다.
  재충전을 할 때는 글을 소리 내어 읽거나 청소를 합니다.
  단순 반복되는 행동을 택하여
  몸과 마음을 비우고 활력을 채웁니다.

● 일을 하기 전에 일이 잘 풀려가는 과정과 결과를
  미리 그려보고 시작합니다.
  이미지의 흐름을 그려보는 것만으로도
  지능이 높아지고 실현될 확률은 높아집니다.

● 오늘만큼은 아침부터 저녁까지
번영과 성공을 떠올리며 자주 말해줍니다.

● 지출하는 것은 배가 되어 돌아옵니다.
나는 부족함이 아닌 부유함을 택합니다.
나에겐 부유함을 불러오는 아이디어가 가득합니다.

● 나의 수입은 꾸준히 증가합니다.

● 나는 내 인생을 위대하게 바라봅니다.
오늘만큼은 내가 하는 일이 성공적으로 이루어져가는 모습을
마음속에 그려봅니다.

 ## 창의력을 자극하는 이미지 트레이닝

- 편한 자세로 눈을 감아보세요.
  영화관에 앉아 있다고 상상해봅니다.

- 하얀 스크린에는 성공을 이뤄가는
  나의 모습이 상영되어 나옵니다.

- 지금 어디에 있나요?
  혼자인가요? 아니면 누구와 함께 있나요?

- 무엇을 하고 있나요? 주변의 환경을 둘러보세요.
  지금 어떤 기분인가요?

창의력을 자극하는 연습문제

오늘만큼은 성공적으로 일을 해 나가기 위해 적극적으로 질문을 만들고, 그에 대한 답을 찾아봅니다.

> ex. 어떻게 능률을 높일 수 있을까?,
> 어떤 일을 어떻게 시작해 볼까?

오늘만큼은 자기합리화나 변명을 버려봅니다. 그것들이야말로 내 인생의 족쇄였습니다. 대신 희망의 열쇠로 성공의 문을 열어보세요.

> ex1. 족쇄: 돈이 더 많았더라면 그 일을 시작했을 것이다.
> 희망의 키: 돈이 없지만 시작할 수 있다. 지금 환경에서 시작할 수 있는 방법을 바로 찾아볼 것이다.
> ex2. 족쇄: 가정과 아이가 있어 자유롭게 여행하지 못한다.
> 희망의 키: 가족과 함께 하는 여행은 다른 형태의 즐거움을 줄 수 있기에, 가족여행을 계획하고 실행해 보겠다.
> ex3. 족쇄: 비염이 있어서 집중할 수가 없다.
> 희망의 키: 비염이 있어서 짧은 시간 안에 더 효과적으로 몰입해서 일을 끝내버린다.

나이 들수록
지혜로워지는 나

저는 나이가 마흔을 넘었지만, 마음은 여전히 20대입니다. 가끔씩 더 젊은 10대로까지 건너가기도 한답니다. 10~20대에는 40~50대 분들이 정말 한참 어른들, 즉 아줌마와 아저씨들처럼 생각되었습니다. 저희 부모님도 그 당시의 저에게는 정말 어른들이었습니다.

"I'm happy to report that my inner child is still ageless."
내 내면의 아이는 여전히 나이 들지 않았음을 말할 수 있어 행복하다.

― James Broughton(제임스 브로턴)

그런데 그 나이가 되어 저를 보니 정말 어른이 아닙니다. 아줌마로 불리는 게 싫은 게 아닙니다. 하지만 그 당시의 제가 어른들을 바라보며, 저 나이는 인생을 많이 산 나이고 철도 많이 든 나이며 세상의 많은 것들을 당연히 많이 알고 있는 나이라고 생각했던 모든 것들이 참 다르다는 것입니다. 인생을 많이 산 거 같지도 않고, 철이 든 거 같지도 않으며, 세상에 대해 많이 아는 것 같지도 않습니다. 그래서 나이가 들어가면서 '나이가 들어가는 것'에 대해 생각을 더 많이 하게 됩니다.

언제나 생각의 결론은 나이가 들어가는 것이 정말 좋다는 것입니다. 저의 아이가 커 나가는 것을 보는 것도 행복하고, 저의 일을 통해 새로운 무언가를 배워나가는 것도 보람되며, 나이가 들면서 생기는 삶의 여유도 좋습니다. 하지만 나이가 들면서 '이건 아니다'라고 여겨지는 것들이 있습니다. 첫째는 나이 들면 쇠약해진다는 것, 둘째는 나이 들면 희미해진다는 것, 셋째는 나이 들면 기쁨이 줄어든다는 것입니다. 물론 저만의 주장이 될 수도 있겠지만, 그 이유를 하나씩 설명해 보겠습니다.

1. 나이 들면 쇠약해진다

플라잉 요가센터를 운영하며 10대부터 60대까지 다양한 연령층의 사람들을 만납니다. 하지만 50~60대 분들도 10대나 20

대처럼 생기가 넘치고 건강합니다. 오히려 스마트폰과 컴퓨터 게임을 많이 해서 꾸부정한 자세를 가지고 있는 10대나 20대보다 바르고 예쁜 자세를 가지고 있습니다. 나이를 먹더라도 꾸준히 운동하며 자신을 가꾸어 가는 사람들에게서는, 나이들면서 쇠약해진다는 틀린 말입니다.

저와 같은 경우도 10대와 20대에는 그렇게 아프고 힘들었는데, 몸과 마음에 관심을 가지며 돌보기 시작하니 이젠 오히려 매년 더 건강해지는 기분입니다. 그러니 나이의 문제가 아니라 지속적인 관심과 관리의 문제겠지요.

2. 나이 들면 희미해진다

성인 대상 어학원을 운영하며 역시 10대부터 60대까지의 다양한 사람들을 만납니다. 이것도 역시 마찬가지 입니다. 나이는 전혀 상관없습니다. 배움의 의지를 가지고 늦은 나이지만 영어를 배우러 온 지혜롭게 나이든 어른들의 눈빛에는 반짝반짝 생기가 넘칩니다. 질문도 적극적으로 하고 흡수력도 좋습니다.

하지만 어렸을 적부터 부모님 가이드 아래에서 학교, 학원, 과외, 대학 등의 비자발적인 절차를 받아온 젊은이들의 눈빛에는 빛이 없습니다. 의지가 없으니 질문도 없고 흡수력도 좋지 않습니다. 그러니 이것도 나이의 문제가 아니라 배움에 대한 의지와 열정의 문제겠지요.

3. 나이 들면 기쁨이 줄어든다

신제품을 런칭 하는 세미나의 통역 일로 방문했던 영국에서 아이 같은 순수함과 활기를 유지하며 살아가는 백발 가득한 할아버지 Henry를 만났습니다. 그분은 세미나를 주관하는 회사의 부사장이셨습니다. 나이를 물어보지 않고, 또 별로 상관하지 않는 영어권이기에 그의 나이는 모릅니다. 하지만 Henry의 눈빛에는 기쁨과 생기가 넘치고 워낙 활발해서 백발머리와 백발수염의 Henry가 순수한 아이처럼 느껴질 때도 많았습니다. 세계 곳곳에서 온 사람들에게 친절과 배려 가득한 인사를 건네는 그에게서 세상을 향한 끓이지 않는 호기심을 읽을 수 있었습니다.

Henry의 말에는 언제나 긍정적인 말들이 쏟아져 나왔습니다. 'Awesome!', 'Beautiful!', 'Gorgeous!', 'Fantastic!' 등 말이죠. 그의 집에 초대를 받아 갔을 때에는 그는 어린 손자와 함께 집안 곳곳을 뛰어다니며 놀아주는 모습도 볼 수 있었습니다. 그에게서 "일하고 와서 피곤해, 나중에 놀자"라는 말들은 영영 없을 것 같았습니다. 그러니 이것도 나이의 문제가 아니라 세상을 대하는 태도의 문제겠지요.

"Age is just a state of mind, anc you are as old as you think you are. You have to count your blessings and be happy."

나이는 그냥 마음의 상태로써, 당신이 생각하는 만큼 당신이 나이든 것이다. 당신이 가진 축복과 행복을 세어보라.

― Abnishek Bachchan(아비쉑 밧찬)

아이를 낳아 커가는 것을 지켜보거 느낀 것이 있습니다. 아이들은 세상 모든 것들과 이야기한다는 것입니다. 장남감과 이야기하기도 하고, 이불과 베게하고 이야기하기도 하며, 꽃과 나무하고도 이야기합니다. "머리핀아, 어디 갔니?"라고 부르며 머리핀을 찾기도 하고, "장난감들이 쫓아오는 무서운 꿈 안 꾸게 해줘"라며 자기 전 이불하고 베게한테 신신당부를 하고 잠이 들기도 합니다. 하늘을 쳐다보고는 "엄마, 오늘은 구름이 바쁜가 봐요. 쉬 마려운가?"라고 말하며 눈을 반짝이기도 합니다. 감정을 있는 그대로 표현하며, 사소한 것에 깔깔거리며 웃기도 하고, 작은 것에도 신이 납니다. 우리는 그런 아이들의 순수함에 미소를 짓습니다. 잘 놀고 잘 웃는 그 활기참을 사랑합니다.

가끔씩 나이가 들었어도 그 순수함과 활기참을 그대로 유지하고 미소 짓게 만드는 사람들을 만납니다. 영국의 Henry가 그랬고, 플라잉 요가센터와 어학원에서 만날 수 있는 건강하고 활기찬 50~60대 회원들도 있습니다. 그리고 책을 통해서도 만납니다. 「노르웨이 숲」으로 유명한 작가 무라카미 하루키의 에세이들을 보면, 그 또한 채소들과도 이야기하고 동물들과도 이야기하며 음악과도 이야기합니다. 최근에 출판된 에세이들의 연도와 작가의 출생 연도를 계산해보니, 그의 나이를 알게 되어 깜짝 놀라기도 했지만 말입니다. 그리고 나이에는 상관없이 세상과 이야기하며 순수한 생명력을 뽐내고 즐겁게 사는 그에게 감탄할지도 모릅니다.

우리가 늙어가게 되는 이유는 아마 세상의 모든 것과 이야기하고 소통하는 법을 잃어버리고 잊게 되는 것 때문은 아닐까요? 호기심을 가지고 기쁘게 대화를 나눌 것들이 사라지고 있으니 생명력 없이 늙어가게 되는지도 모르겠습니다. 머리가 커져갈수록 들어야 할 이야기들이 참 많습니다. 책임이 커져갈수록 지켜야 할 이야기들도 참 많습니다. 하지만 스스로 몸과 마음과 소통하는 방법을 잊지 않는 한, 나이 들어도 젊고 건강한 몸을 유지할 수 있습니다. 배움에 대한 문을 언제나 활짝 열어 놓는 한, 나이 들어도 젊고 건강한 정신을 지킬 수 있습니다. 세상과 소통하는 방법을 잊지 않고 호기심 어린 눈빛을 버리지 않는 한, 나이 들어도 기쁨에 찬 인생을 즐길 수 있습니다.

그러니 나이 드는 것을 늙어가는 것으로 생각하지 마세요. 혹 마음속에 '나이 들어가는 것은 늙어가는 것이다'라고 생각하고 있다면, 깨끗이 지워버리세요. 그리고 지금부터는 '나이 들어가는 것은 지혜로워지는 것이다'라고 생각하시면 됩니다. 반면에 10대건 20대건 아무리 어린 나이라도 이미 세상과 소통하는 방법을 잃고, 쇠약해지고 희미해지며 기쁨을 잃어가고 있다면 이미 늙게 된 것입니다. 하지만 지금이라도 세상 모든 것들을 다시 깨울 수 있습니다. 모든 것에 생명력이 깃들어 있다는 것을 알고 그들에게 '똑똑' 말을 걸어 보는 것입니다. 보고 들으며 냄새 맡고 만지며 느끼는 모든 것들이 내가 던진 이야기에, 내가 던진 호기심에 기지개를 펴고 깨어나기 시작할 겁니다. 바로 지금, 오늘 이 시간 다시 새롭게 태어나 보면 어떨까요?

"Let us never know what old age is. Let us know the happiness time brings, not count the years."
나이든 게 무엇인지 알게 하지 마라. 나이를 세는 것 대신 행복한 시간들이 가져다 주는 것이 무엇인지를 알게 하라.
— Ausonius(아우소니우스)

똑똑해지고 지혜로워지는 긍정의 주문들

💧 나는 아이의 눈으로 세상을 봅니다.
호기심으로 바라보는 세상은 배움으로 가득 차 있습니다.

💧 뇌는 평생 늙지 않는다고 합니다.
오늘만큼은 젊고 활력이 가득 찬
에너지를 통해 생각하고 행동합니다.

💧 나의 기억력이 점점 더 좋아지고 있습니다.

💧 해낼 수 있다고 믿고 깊은 호흡으로 마음을 안정시킵니다.

💧 오늘은 시간을 정해 책을 읽습니다.
지식을 쌓아가는 나의 모습이 만족스럽습니다.

💧 배움을 즐거운 놀이처럼 여기며 몰입합니다.
순수한 마음으로 세상의 지혜를 흡수합니다.

💧 나의 직관력은 점점 향상되고 있습니다.
나의 직관은 안전하고 바른 길로 안내하고
훌륭한 선택을 할 수 있도록 돕습니다.

💧 오늘만큼은 음악을 듣거나
　 미술 감상, 연극을 감상하며
　 예술적인 영감을 풍부하게 가집니다.

💧 인터넷 서핑이나 게임으로 시간을 그냥 흘려보내는 대신
　 배우고 싶은 것들의 정보를 찾아봅니다.
　 점점 세상 밖이 아닌 나의 마음에 관심이 기울여집니다.

💧 오늘만큼은 초조해하지 않고 마음껏 놉니다.
　 세상은 커다란 놀이터입니다.
　 그 속에 더 많은 즐거움을 찾고 더 많은 즐거움을 나눕니다.

💧 나는 매일 점점 지혜롭게 성장하고 있습니다.

똑똑해지고 지혜로워지는
이미지 트레이닝

◆ 편안한 상태로 앉거나 누워보세요.
  심호흡을 하며 몸과 마음의 긴장을 조금씩 풀어봅니다.

◆ 들이마시고 내쉽니다.
  오늘만큼은 자유롭게 상상해봅니다.

◆ 눈을 감고 한계 없는 마음의 눈으로 그려봅니다.
  한결 똑똑하고 지혜로워진 나를 바라봅니다.

◆ 나는 어떤 모습인지, 어떤 표정을 짓고 있는지 살펴보세요.
  지혜로워진 내가 무슨 일을 하고 있는지 살펴보세요.

◆ 주변의 환경도 둘러봅니다.
  어떤 기분인지도 느껴보세요.

똑똑해지고 지혜로워지는 연습문제

비어있는 박스가 하나 있습니다. 빈 박스 안에 내가 지혜롭게 성장할 수 있는 요인들을 채워보세요.

> ex. 좋은 이야기들을 들었을 때 바로 메모하는 습관 만들기, 상상하고 수시로 핸드폰을 보며 시간을 보내는 것을 멈추고 책 읽는 습관 만들기

시간적, 경제적 한계가 없다면 무얼 하그 싶나요? 오늘만큼은 즐겁게 상상하며 꿈을 향한 다리를 만들어 봅니다.

> ex. 한 달 동안 지중해 도시에서 살아보기

잘 자고, 잘 웃고,
잘 사는 나

 여느 날처럼 잠자리에 들었는데, 침대에 누워서도 잔뜩 움츠린 채 긴장한 몸이 느껴졌어요. '종일 긴장한 상태로 있으니, 잠자리까지 이렇게 몸을 긴장한 채로 눕는구나!'라고 생각하니 왠지 몸에게 미안하고, 아침마다 온몸이 쑤셨던 이유를 알게 되었습니다. 그 후로는 머리부터 발까지 긴장을 풀어주고 잠들 수 있도록 노력하고 있습니다.

 누워서 깊은 호흡과 함께 마음속으로 머리의 긴장을 풀고, 두피가 이완되며, 얼굴 근육의 긴장을 놓아주고, 눈의 긴장도 편안히 풀어내며 말이죠. 이렇게 머리부터 긴장을 풀어주다 보면, 발의 긴장을 풀어내기도 전에 스르르 잠이 들곤 합니다. 그랬더니 피로도 많이 줄고, 아침에 발견되던 얼굴 주름들도 눈에 띄게 줄

었답니다. 녹음한 이완 가이드를 틀어놓고 잠들기도 하고, 많이 피곤한 날은 낮에도 짬을 내어 편안히 앉아 핸드폰에 녹음된 이완 가이드를 틀어놓은 채 몸과 마음의 긴장을 풀어줍니다. 이렇게 몸과 마음을 이완하고 편하게 만드는 연습을 하니 급한 성격도 많이 느긋해졌답니다.

'긴장풀기'는 그냥 잠깐의 휴식이 아닙니다. 몸과 마음에 깃드는 평화로움이고 고요함이지요. 이완의 방법을 배운 저의 학생들에게도 큰 변화들이 생기기 시작했습니다. 불면증이 사라지고, 더 많이 웃게 되며, 나쁜 자세가 개선되기도 했지요. 미간에 뚜렷한 주름이 옅어지고 젊어 보인다는 소리도 많이 듣게 되었다고 합니다. 또한 집중력도 커져서 업무 효율도가 높아졌다고 소식을 줍니다.

분석심리학의 기초를 세우고 억압된 정신상태를 입증해 '콤플렉스'라는 개념을 만들어낸 세계적인 심리학자이자 정신과 의사인 칼 융은 뛰어난 심리 상담가로도 유명합니다. 어느 날, 아무런 친분도 없던 의사 한 명이 불면증 환자를 그에게 보냈습니다. 교사였던 그녀는 잠도 거의 못자고, 자신은 아무것도 제대로 할 줄 모르며 평소 해야 하는 일들도 만족스럽게 한 적이 없다고 고민하는 사람 가운데 하나였습니다.

클레어 던의 저서 「카를 융 영혼의 치유자」에서는 융이 그녀의 문제를 한 번의 상담으로 해결한 방법을 설명해 주었습니다. "내가 바다와 항해에 대해 이야기하자, 어머니가 내 여동생에게 자장가를 불러 주던 목소리가 생각났습니다. 그때 나는 여덟, 아홉 살 즈음이었는데 그 노래는 작은 물고기들이 다니는 라인 강에서 작은 배를 탄 어린 소년에 대한 이야기였지요. 그리고 전혀 의도하지 않았지만 그 자장가의 음에 맞추어 바람, 물결, 항해, 편안한 감정에 대한 이야기를 흥얼거리듯 읊조렸습니다. 내가 그런 감정을 흥얼거리자 그녀가 '마법에 걸린 것'을 볼 수 있었어요"라고 말입니다. 그녀는 불면증이 완전히 사라졌고 다시는 재발하지 않았다고 합니다.

> "Sometimes I wish that I could go into a time machine right now and just look at my self and say, 'Calm down. Things are gonna be fine. Things are gonna be all great. Just relax.'"
>
> 때때로 나는 타임머신을 당장 타고 가서 나 자신한테 말하는 것을 바래본다. '이봐 진정해. 모든 것이 잘 될 거야. 모든 것이 다 환상적일 거야. 그러니 긴장 좀 풀라구.'
>
> — Tristan Wilds(트리스탄 와일즈)

지금의 나를 한 번 바라보세요. 바로 지금 내 몸 안으로 들어가고 있는 공기의 양은 충분한가요? 모든 생명이 공기 없이 살 수 없듯 우리 몸도 충분한 공기가 공급되어야 원활한 순환과 대사작용을 할 수 있습니다. 하지만 우리는 일상에서 매우 바쁘다보니, 여러 가지 '해야 하는 일'로 서두르는 상태가 되어버립니다. 그러다보니 결국 다시 긴장상태가 되고 호흡이 빨라지며 숨이 얕아져서 충분한 공기를 받아들이기 힘들어지고, 충분한 공기가 없으니 뇌를 비롯한 몸의 각 기관들이 답답해질 수밖에 없습니다. 힘이 드니 몸이 통증으로 신호를 보내오는게 당연하지요.

당신은 지금 편안하고 좋은 자세를 가지고 있나요? 대부분 성인들은 스스로 나쁜 자세를 가지고 있음을 알고 있습니다. 몸과 마음의 긴장으로 오랫동안 습관화 되어 온 것이지요. 마음껏 뛰어 노는 어린 아이들을 본적이 있나요? 그 아이들이 앉아 있거나 서 있는 모습을 성인들과 한번 비교해보세요. 항상 에너지가 넘치는 그들은 움직일 때도, 멈추어 있을 때도 유연하고 자연스러운 모습입니다. 하지만 아이들은 "이거 해야 해! 저거 해야 해!"라고 압박을 받으면서부터 긴장하기 시작합니다.

요즘은 어렸을 적부터 영어와 학습지를 무작정 앉혀 놓고 이것저것 시키니 어린 나이 때부터 몸과 마음이 긴장되고 자세가 흐트러지기 시작합니다. 정신없이 보게 되는 스마트폰의 영향도 크겠지만 말입니다. 그리고 그 이후로도 계속 나쁜 자세와 만나게 됩니다. 학교에서도 하루 종일 앉아서 성적, 그 다음은 취업, 그 다음은 승진이나 성공의 스트레스와 긴장에 시달립니다. 우리가 단 하루라도 몸과 마음을 자유롭게 풀어놓을 수 있었던 적이 있었던가요? 그렇다고 어쩔 수 없던 탓을 하며 포기해 버리기엔 평균수명이 점점 길어지고 있습니다. 오랫동안 통증으로 고통 받기보다는 이제라도 몸과 마음을 자유롭게 놓아주고 나쁜 자세에서 유발되는 통증에서 해방되는 것이 현명하겠지요.

바로 지금! 배 안 깊숙이 숨을 가득 들이마시고 천천히 내뱉어 보세요. 숨을 쉴 때는 내 몸 곳곳 풍부하게 산소가 전달되는 느낌으로 들이마시고, 내 뱉을 때는 몸의 나쁜 독소나 스트레스가 빠져나가는 느낌을 가지면 더 좋습니다. 오랫동안 빠르고 얕은 호흡에 익숙해진 사람들은 처음엔 깊은 호흡에 불편할 수도 있어요. 아기 때는 배로 숨 쉬고, 나이가 들면서 점점 가슴으로 올라오며, 노인이 되면 코로 숨 쉬다 명을 거둔다고 합니다. 그만큼 몸 안에 줄어드는 산소의 양은 내 몸 안의 생명력과 이어지는 것이지요.

산소는 돈 안들이고 섭취하는 젊음과 건강의 묘약입니다. 그러니 처음엔 불편하더라도 꾸준히 해 보세요. 무언가를 시작할 때 깊은 호흡으로 시작하는 습관을 가져보세요. 책을 보기 전에도, 밥 먹기 전에도, 미팅 전에도, 잠을 자기 전에도 무언가를 시작하는 차분한 몸과 마음의 준비가 될 수 있습니다.

바로 지금! 내 몸의 나쁜 자세를 바로 잡아 보세요. 모양이 일그러진 쿠션을 탈탈 털어 다시 모양을 잡아가듯이, 몸을 흔들어 털어 보세요. 손과 발에도 긴장이 들어가지 않도록 탈탈 털어봅니다. 두발의 뒤꿈치를 들고 콩콩 뛰어 봅니다. 이렇게 2~3분간 몸을 털어 불필요한 긴장을 빼내봅니다. 그리고는 힘없이 툭 튀어나온 아랫배에는 힘을 주고 허리는 바르게 폅니다. 어깨는 시원하게 몇 번 돌리며 앞으로 말리지 않도록 뒤로 당기며 활짝 폅니다. 스마트폰과 컴퓨터를 보느라 앞으로 쭉 튀어나온 목도 바르게 집어넣습니다.

하루에 한번이라도 3분만 시간을 내어 이렇게 자세를 교정해 보세요. 자세를 바로 잡고 내 어깨 위에 올려진 무거운 짐과 마음속의 묵은 때를 털어 내는 기분으로 몸의 긴장을 털어 보세요. 움직일 때는 아이들이 몸을 크게 쓰듯 시원시원하게 움직입니다. 그리고 자기 전에는 바로 누워서 머리부터 발끝까지 긴장을 풀어내고 편안한 상태로 잠드는 거예요. 이완 오디오 가이드가 수록되어 있으니 틀어 놓고 긴장을 풀어도 좋아요.

그리고 바로 지금! 마음의 긴장도 풀어보세요. 지금 수많은 '해야 하는 것'(must)들로 둘러싸여 있다면 그 자체로 마음이 긴장될 수밖에 없겠지요. '이거 해야 해! 저거 해야 해!' 등의 말이나 생각으로 자신을 옭매지 말고 그냥 〈To do list〉에 적어보십시오. 〈To do list〉는 할 일들의 목록입니다.

예를 들어, '살을 빼야해'라고 계속 말하고 생각해 왔다면 '식사 전에 물 많이 마시기', '저녁 대신 과일주스와 샐러드 먹기'를 적어보세요. '공부해야 해'라는 사람은 '책 몇 페이지 끝내기', '동영상 강의 몇 강 복습하기'라고 적어보세요. 구체적인 일들로 적어 놓고 그걸 했다면 쭉쭉 그어 시원하게 없애는 겁니다. 오늘 것을 못했더라도 미련과 집착을 버리고 내일의 〈To do list〉로 옮겨 적습니다. 그걸로 끝입니다. 해야 할 것들을 자꾸 말하거나 생각함으로 자신의 몸과 마음을 긴장시킬 필요가 없습니다.

이제 조금씩 몸과 마음의 무거운 짐을 흘려보내고 긴장에 한껏 웅크러있던 나의 몸과 마음을 자유로이 풀어 보세요. 평화롭게 잠들고 자유롭게 꿈꾸었던 아이의 모습처럼 유연함을 찾아가 보세요. 나의 인생을 만드는 사람은 과거의 나도 아니고 미래의 나도 아닙니다. 바로 지금의 '건강하고 자유로운 나'일 뿐입니다.

"To freely bloom- that is my definition of success."

자유롭게 피어나기, 이것이 내가 내린 성공의 정의이다.

— Gerry Spence(게리 스펜스)

하루의 삶을 잘 마감하는 긍정의 주문들

🔹 오늘만큼은 평안합니다.
사는 것이 그저 즐겁고 감사합니다.

🔹 오늘만큼은 내 삶의 아름다움을 바라봅니다.
아름다운 것을 생각하고 바라보는 나는 아름답습니다.

🔹 공기 없이 생명이 살 수 없듯
우리의 몸도 충분한 공기가 공급되어야
생명력을 원활히 발휘합니다.

🔹 뱃속 깊이 숨을 가득 들이마시고 천천히 내뱉습니다.
숨을 마실 때는 내 몸 곳곳 산소가 전달됩니다.
내뱉을 때는 내 몸의 나쁜 독소나 스트레스가 빠져 나갑니다.

🔹 오늘만큼은 수시로 자세를 바로 잡습니다.
배에는 탄탄한 힘을 주고 등과 어깨는 폅니다.

🔹 오늘만큼은 온몸의 긴장을 풀어봅니다.
머리부터 발끝까지 시원하게 털어냅니다.

🔹 오늘만큼은 긍정 문장들을 소리 내어 읽고 느낍니다.

● 사람들에게 "수고하셨습니다"라고 인사를 건네고
나 자신에게도 '수고 많았어'라고 토닥여 줍니다.
하루의 마감이 더 뿌듯해집니다.

● 오늘만큼은 내 삶을 긍정의 흐름에 흘려 보냅니다.
나는 모든 면에서 점점 좋아지고 있습니다.

● 자기 전 누운 채 하루 종일 긴장되어 있던
몸과 마음을 완전히 이완시킵니다.
자는 동안 나의 정신과 신체는 재충전 됩니다.

하루의 삶을 잘 마감하는 이미지 트레이닝

Ⅰ. 시각화

- 눈을 감고 할 일 목록의 일들을
  하나씩 척척 진행해 가는 나의 모습을 그려봅니다.

- 할 일들을 모두 마무리하고 뿌듯함을 느낍니다.
  활기차게 일어나는 내일의 나를 그려봅니다.

- 예정된 일들을 순조롭게 진행하는
  나의 모습을 바라봅니다.

- 뿌듯한 기분으로 편안하게 잠드는
  나의 모습을 그려 봅니다.

Ⅱ. 이완 가이드

- 이완 가이드로 몸과 마음을 편안히 해 봅니다.
  편안한 자세로 앉거나 눕습니다.

- 이제 깊게 숨을 들이마십니다. 그리고 천천히 숨을 내쉽니다.

◆ 마시는 숨에는 좋은 에너지가 들어오고,
　내쉬는 숨에는 나쁜 에너지가 빠져 나간다고 상상해 보세요.

◆ 들이 마시고 내쉽니다.
　깊게 호흡하며 내 몸 속에 깨끗한 피가 순환하고,
　내 몸 속에 건강한 세포들이 아프고 피곤한 세포들을 밖으로,
　밖으로 밀어낸다고 상상해보세요.

◆ 온 몸의 긴장도 편안하게 내려놓습니다.
　머리의 긴장도 풀어보고 두피의 긴장도 풀어냅니다.
　얼굴 근육의 긴장도 서서히 풉니다.

◆ 눈을 감고 눈과 눈 주변의 근육들도 이완해봅니다.
　눈이 편안해집니다.
　목과 가슴도 이완되며 편안해집니다
　두 팔과 어깨도, 모든 긴장을 내려놓고 이완되었습니다.
　배와 몸속의 장기들도, 긴장을 풀고 편안해지는 시간입니다.
　두 다리의 긴장도 서서히 풀리며 아주 편안합니다.
　깊게 호흡하며 걱정 불안 긴장도 서서히 빠져나가고 있습니다.

◆ 온몸이 편안하게 이완되고 있습니다.
　온몸이 점점 편안해지고 있습니다.

하루의 삶을 잘 마감하는 연습문제

오늘 좋았던 일들과 감사했던 일들을 떠올리며 적어봅니다.

> ex. 오랜만에 보고 싶었던 친구에게 연락이 와서 좋았다. 먼저 연락을 해 줘 고마웠다.

오늘만큼은 하루를 마감하며 내일의 〈To do list〉를 만들어 봅니다. 어디든 붙일 수 있는 포스트잇을 사용하면 편리하고 효과적으로 할 일 목록들을 관리할 수 있습니다. 목록은 항상 소지하며, 다 한 것은 체크(∨) 하고 다 못한 것은 내일 목록으로 옮겨 적습니다.

> ex. 5월 1일: 옷 정리, 여름휴가 장소 정하기, 부모님 전화, 보고서 마무리, 책 30분 읽기, 미드대본 30분 읽기, 스트레칭 20분 하기, 혼자만의 커피 타임 20분 갖기, 산책 20분 하기, 징글 브레이크 긍정의 문장 10분 동안 읽기 등

끝내고 싶지 않은 이야기: 보이지 않는 것의 힘

처음으로 마음 들여다보기를 시작하고 몸이 저절로 채소를 찾게 되는 채식주의자가 되어 건강해지는 경험을 하고 난 뒤, 이 보이지 않는 것과 다음의 힘은 언제나 내 안에 있었습니다. 하지만 마음 안에 있더라도 꺼내보지 못하면 그 힘은 나의 것이 될 수 없습니다. 결혼한 지 7년 만에, 35살에 첫 아이를 가지게 되었을 때 그 힘과 다시 만났습니다. 아이를 간절히 바라거나 하진 않았지만 '결혼생활에 활력이 필요해~' 라고 느낄 때쯤 찾아온 임신 소식은 너무나 큰 기쁨이었습니다. 저의 몸 안에 생명 하나가 더 있다고 생각하니 두 명의 생명력만큼이나 강해지는 것을 느꼈습니다.

산부인과에서 처음 뱃속의 아이를 만난 날 산모수첩을 받으며 의아함을 느꼈습니다. 임신 첫 주에서 마지막 주까지 임산부가 가질 수 있는 각종 증상들에 대해 적혀있었습니다. '음, 임산부는 종합병동인가? 임신하고 이렇게 건강해지는 기분인데! 이런 거 필요 없겠네!' 하고 수첩을 던져버렸습니다. 그리고 실제로 임신 기간 동안 너무나 건강하게 보냈습니다. 기쁘고 행복했습니다. 단 한 번의 입덧이나 다른 어떤 증세도 없이, 임산부에게 흔하다는 붓는 현상도 한번 없어서 아이 낳는 전날까지 활기차게 일하고 놀았습니다. 예뻐졌다는 소리는 평생을 통틀어 이 임신 기간에 가장 많이 들은 것 같습니다. 감사히 아이도 예쁘고 건강하게 태어났습니다.

두 번째 임신 소식을 들었던 건 한참 사업을 확장해 나가며 바쁠 때였습니다. 걱정부터 앞섰습니다. '이렇게 바쁜데... 하고 싶은 일들이 많은데... 몇 년은 묶여 있어야 할텐데...' 이제는 임산부 수첩의 모든 증상이 나의 것이 되어 가는 듯 했습니다. 결국 유산이 되었습니다. 기쁘고 행복한 마음으로 환영해 주지 못한, 태어나지 못한 아이에게 너무나 미안한 마음으로 한동안 많이 괴로웠습니다.

어느덧 훌쩍 커서 유치원생 된 딸이 울상이 되어 "엄마 나 달리기가 너무 싫어"라고 말했습니다. "왜 싫은데?"라고 묻자, "난 달리기를 못해. 다른 아이들은 다 잘하는데 난 못해. 5명이 달렸는데 내가 4번째야"라며 대답을 했습니다. 이에 저는 웃으며, "5명이 달렸으니 1등도 있고 2등도 있으며 3등과 4등 그리고 5등도 있어야 하는 거란다. 엄마는 5등을 해도 좋은걸? 그냥 린이가 '영차영차' 웃으며 달리는 모습인 것간으로도 참 좋아"라고 말해주었습니다. 몇 달 후 유치원 체육의 날에서 아이가 계주선수로 뽑혔다는 메시지를 받았습니다. 집으로 달려온 아이는 "엄마, 나 달리는 게 너무 재밌어"라고 말합니다. 아이는 달리기 시합에서 1등 했다는 얘기는 하지도 않습니다. 아마도 아이는 1등을 하는 것보다 즐겁게 하는게 훨씬 더 중요하다는 것을 아는가 봅니다.

아이를 키우며 가장 많이 받는 질문은 "엄마가 영어 말하기 선생님이니 집에서도 아이랑 영어로 말하겠네요? 어떻게 영어공부 시키세요?"입니다. 가장 많이 받는 질문이지만, 여전히 대답하기 난감합니다. "영어 안 시키고, 안 해요"라고 솔직히 말하면, 다들 복잡한 표정이 되어서 말이죠. 그래서 답이 더 길어질 수밖에 없습니다. 사실 아이와 영어 말하기를 시도하지 않았던 것은 아닙니다. 그런데 아이는 그때마다 거부하였습니다.

한번은 아이가 "엄마, 나 비행기타고 여행가기 싫어"라고 말합니다. 여행가면 누구보다 신나게 놀고 좋아하던 아이였기에 깜짝 놀라 그 이유를 물어보니, 엄마와 아빠는 자유롭게 영어로 말하는데 자기만 이야기할 수 없어서 싫다고 합니다. 그 후로 여행 시 영어로 이야기할 일이 생기면 아이에게 항상 무슨 이야기를 했는지 알려줍니다. 그리고 집에서는 여전히 영어를 하지 않습니다. 다행히 아이가 다니는 유치원에서 영어를 노래로 알려주는데, 그것은 재밌게 따라합니다. 전에는 "나, 영어 싫어"라고 했는데, 요즘은 간혹 "영어가 재밌는 거 같기도 해"라며 서서히 긍정적으로 바뀌어 갑니다.

저도 처음에는 원어민과 영어 한마디 못하는 왕초보였습니다. 그 후 좋아하는 영화를 이용해 연습하는 방법을 터득하여 즐겁고 재미있게 영어 말하기 연습을 하였습니다. 원어민과의 대화가 충분한 유창한 영어 말하기의 실력을 얻은 기간은 불과 6개월 정도에 지나지 않습니다. 평생을 해온, 하기 싫은 마음으로 억지로 해온 영어는 말 한마디 못하는 영어였지만, 영어로 말하고 싶은 마음으로 즐겁게 익힌 영어는 6개월이면 충분했습니다.

요즘은 말도 아직 안 튼 아이들이 다니기 시작하는 놀이방에서부터 알파벳을 가르칩니다. 어느 유치원이나 영어 교육의 비중은 높습니다. 하지만 한국어를 사용하고 한국어로만 충분히 살아갈 수 있는 한국에서 영어라는 것을 접하는 아이들은 '여긴 어디? 나는 누구?'라는 혼란스러움과 거부감을 느낍니다. 그러니 서두르지 마십시오. 아이가 나중에라도 영어를 정말 잘하고 싶다는 충분한 동기부여가 생긴다면, 얼마든지 재미있고 빠른 시간 안에 스스로 방법을 터득하여 습득하게 될 것입니다.

지금은 7개 국어를 구사하고 인문학과 수학과 과학과 예술 전 분야의 막강한 지식으로 일명 뇌섹남으로 불리는 조승연 씨는 사실 학교 부적응아였습니다. 인내심과 집중력이 부족해 책상 앞에서 5분도 가만히 앉아 있지 못했고, 선생님들에게 반항적인 태도를 보였던 문제아였기도 합니다. 성적 우수자이기는커녕 중학교 때 중간 이상을 넘기도 힘들었던 그는 마음을 바꾸는 것만으로도 인생 전체가 달라지는 것을 경험합니다.

공부란 힘들게 책상 앞에 오래 앉아 있는 행위가 아닌 지적 수준을 발달시키는, 모든 것으로 생각을 전환시키고 모든 영역에 호기심이 가득한 눈으로 '왜?', '어떻게?'라는 질문을 던지기 시작한 것입니다. 그렇게 스스로의 지적 수준을 넓히기 위해 바라본 공부는 그에게 즐거운 놀이가 되기 시작했지요. 쓸모없다고 여겼던 철학과 음악과 시 등 모든 것이 공부에 포함되고, 모든 과목은 따로 떨어져 있는 것이 아닌 서로 연결되어 있는 흥미로운 한 장의 커다란 그림이라고 말입니다. 하기 싫은 공부에서 즐거운 공부는 그를 문제아에서 천재로 거듭나게 한 것입니다.

그러니 무엇이든 잘하고 싶다면 내 몸과 마음에 많은 시간을 들여가며 억지로 채워 넣는 것보다 즐겁게 할 수 있는 방법을 찾으면 됩니다. 그리고 즐겁게 할 수 있는 방법은 언제나 마음에서 시작됨을 잊지 마십시오. 소중한 생명을 품는 임신을 기뻐하거나 걱정하게 하는 것도, 어렵고 싫었던 달리기가 재미있게 되는 것도, 지겨웠던 공부가 지식을 넓혀 나가는 흥미로운 공부가 되는 것도 언제나 마음입니다. 언제나 내 마음의 결정입니다.

그리고 그 마음들은 어느 것 하나같은 게 없습니다. 태어날 때부터 자라오는 환경까지 모든 것이 완전히 똑같은 사람은 없습니다. 외모가 완전히 똑같은 쌍둥이일지라도 성격은 다릅니다. 그러니 내가 좋아하는 것들을 찾기 위해 나와 다른 마음들에게만 귀 기울이고 찾으려 애쓰지 않아도 됩니다. 내 마음을 보면 됩니다. 내 마음에 귀를 기울이면 됩니다. 나와 다른 마음들과 아름다운 균형을 만들어 내기 위해서, 내 마음을 바라봐주고 그냥 내 마음을 행복하게 만들어주면 됩니다.

보이지 않는 것의 힘, 이 마음의 힘에 대해 얘기할 때 원효대사의 이야기를 많이 들려줍니다. 원효대사가 당나라로 스승을 찾으러 길을 떠났다가 무덤가 근처에서 잠을 자게 되었습니다. 밤중에 목이 말라 깨었다가 마침 근처에 고여 있는 물이 있어 손으로 움켜 마셨는데 맛이 너무 좋았습니다. 아침에 눈을 떠 보니, 그 물은 해골바가지 안의 썩은 물이었습니다. 그걸 본 순간 마음이 불편해지며 토할 것 같았는데, 그때 원효대사는 큰 깨우침을 얻습니다. 꿀맛으로 마신 물과 토할 것 같은 썩은 물은 하나의 물이라는 것입니다. 아름다움과 나쁨이 모두 내 마음에 있는 것이라는 걸 알게 된 원효대사는 당나라로 가는 길을 멈추고 고향으로 돌아가 남은 평생을 해골물에 담긴 깨달음을 전파하며 살았다고 합니다.

남들 눈에 1등이 뭐가 중요한가요? 좋아하는 곳에서 좋아하는 일을 하며 행복하게 사는 사람이 진정한 승자랍니다. 그러니 다른 마음들에 달린 시선에 맞추어 살지 마세요. 세상을 기쁨과 감사가 가득한 곳으로도 만들고, 무미건조한 곳으로 만드는 그것! 그 어느 것에도 견줄 수 없는 그 막강한 힘! 그 마음을 이야기하는 것이라면 언제나 밤을 새어도 좋습니다. 바로 그 마음의 힘 안에서 언제나 행복과 기쁨을 선택하겨 웃음 가득한 시간이 되길 바랍니다.

에필로그

변화된 미래의 나

이 책을 읽고 있는 다양한 분들이 떠오릅니다. 집의 거실 또는 지하철, 도서관과 서점에서 책을 바라보는 눈빛들이 보입니다. 책을 다 읽고 난 분들도 생생히 그려봅니다. 책을 덮고 나서는 '좋은 생각을 하고, 좋은 말을 하며, 행동으로 옮겨보자!'라고 생각하는 반짝이는 눈빛도 있습니다. 그동안 악순환의 연결고리를 만드는 생각과 말들은 무엇이었는지를 살펴보고, 선순환의 연결고리로 바꾸어보며 진중해지는 눈빛도 있습니다.

다시 세상에 태어난 아이처럼, 매일 평소에 똑같이 보고 대하던 것들이 새로워지고, 유연한 열린 마음으로 다가가는 호기심에 반짝이는 눈빛도 있습니다. '이 상황에서는 어떻게 선순환의 생각을 만들어 낼까?' 하고 책의 선순환 문장을 찾아보고 연구하는 눈빛도 있습니다. 조용히 눈을 감고 원하는 상황을 생생히 시각화 하여 그려보는 상상의 눈빛도 있습니다. 바쁘다는 핑계로 외면했던 마음을 만나기 위해 혼자만의 시간을 가지는 고요한 눈빛도 있고, 책 속의 명언들과 긍정의 선순환 문장들을 소리 내어 읽으며 깨어나는 눈빛도 있습니다. 선순환 문장 오디오를 들으며 긴장을 풀어내고 잠이 드는, 편안해지는 눈빛도 있습니다.

그런데 이 눈빛들이 '쨍그랑' 깨지는 순간들이 일상에 찾아옵니다. 하지만 그 순간에도 다시 깨어나 징글 브레이크 시간을 가지며 원하는 좋은 생각을 다시 떠올려 보길 바랍니다. 금세 긍정의 선순환 안으로 놓이게 될 것입니다. 금세 반짝이고 생동감 넘치는, 평화로운 눈빛들이 찾아갈 겁니다. 이것이 바로 제가 지금 이 책을 마무리 하며 시각화 하고 있는 여러분의 모습입니다.

저는 당신이 어떤 과거를 가지고 있는지 모릅니다. 하지만 여러분의 현재와 미래는 확실히 압니다. 긍정적이고 행복한 사람이 되는 것이든, 좋은 부모와 자랑스러운 아들(딸)이 되는 것이든, 원하는 곳으로의 취업 또는 완벽한 성공이든, 가슴 뛰는 일을 찾는 일이든 그 원함이 크고 작건 당신이 스스로 원하는 선순환을 선택하고 마음의 휴식인 정글 브레이크 시간을 가지며 지금 이 순간 스스로의 감정에 깨어 있다면 원하는 바를 모두 이루어 나갈 수 있으리라 믿습니다.

매일 밤 칼에 찔리는 악몽에 시달리고 매일 아침 눈물 콧물에 시달리면서도 생을 놓지 않은 것은, 반드시 좋은 삶을 살아갈 것이라는 저의 부모님의 변함없는 믿음 덕분이었습니다. 그 믿음은 저를 살려내고, 지금의 내 딸을 있게 했으며, 제가 코치해 드린 분들의 눈빛을 살렸습니다.

세상곳곳 소중하지 않은 눈빛 하나 없습니다. 그래서 그 소중한 눈빛들에 원망과 증오와 범죄가 아닌 사랑과 믿음이 가득가득 담겼으면 합니다. 하나의 사랑이 또 하나의 사랑을 만들어내고, 하나의 친절이 또 하나의 친절을 전파하는 세상이었으면 합니다. 그 사랑과 믿음 안에서 아이들이 마음 놓고 뛰어 다니며 자랄 수 있는 곳이었으면 합니다. 작은 나비의 날갯짓이 세상을 바꾸듯, 우리의 눈빛 하나하나가 바뀌고 삶이 조금씩 변한다면 우리의 이런 몸부림은 결코 헛되지 않을 것입니다. 저는 믿습니다. 건강한 개개인 하나가 모여서 더 좋은 세상을 만들어 갈 것이라는 것을 말입니다.

어느 날 누군가가 일상에 깨어있는 긍정의 선순환과 변함없이 울려 퍼질 마음의 징글벨을 통해 나는 김모양과 스마일리 수가 경험했던 반전보다 더 짜릿한 반전을 가지게 되었노라고 저에게 이야기해 주셨으면 합니다. 그러면 그 반짝이는 눈빛 앞으로 속도 내어 달려가겠습니다. 아이처럼 유연한 몸과 마음으로 편히 자세를 잡고 귀를 열어놓겠습니다.

        믿음으로 응원하겠습니다.
        감사합니다. 사랑합니다.

           스마일리 수 드림

북큐레이션 • 삶에 긍정의 힘을 불러일으켜 변화하고 싶은 당신에게 추천하는 라온북의 책

진정한 나다움을 발견하고 매일의 감사를 통해, 0%에서 상위 1%의 인생으로 역전하는 명쾌한 방법을 알려드립니다.

온전한 나로 세상에 바로 서고 싶은 당신에게!

너답게 살아라
구명성 지음 | 13,800원

"완벽하지 않아도 괜찮아. 지금은 바닥이어도 다시 올라갈 수 있어"
오늘, 지금 있는 그대로의 당신을 응원하는 언니의 뜨거운 위로!

사람은 살면서 늘 어려움과 장애물 앞에 설 수밖에 없다. 이렇게 수시로 닥쳐오는 어려움을 절망으로 받아들일 것인가, 행복으로 선택할 것인가는 오롯이 나에게 달려있다. 이 책은 '나답게' 행복을 선택하라고 이야기 한다. 그러기 위해서는 나다움이 무엇인지 늘 고민하고, 선택의 기준을 만들며, 그 기준에 따라 행동하고 결정하라고 말한다. 그때 비로소 그 결과가 긍정이든 부정이든 내 선택이기에 책임질 수 있다는 것이다. 당신은 여기서 포기하고 멈출 것인가, 아니면 한 번 더 해볼 것인가? 나답게 한 번 더 하는 것을 선택하라! 오늘보다 나은 당신의 내일이 눈앞에 펼쳐질 것이다.

성공하는 습관을 만드는 감사의 힘!

땡큐파워
민진홍 지음 | 13,800원

1,400명 인생을 바꾼 국내 1호 땡큐테이너의
하루 1분, 21일 감사일기 작성 노하우!

흙수저, 헬조선, N포 세대 등 현실을 비판하는 시선과 언어들이 판을 치고 있다. '세상이 이러하니 그냥 이렇게 세상 한탄이나 하는 수밖에 없다'고 여기는 사람들……. 하지만 정말 그것밖에 방법이 없는 걸까? '대한민국 1호 땡큐테이너' 민진홍 저자는 '감사하는 마음이야말로 그 어떤 어려움도 이겨낼 수 있는 최고의 무기'라고 말한다. 평소 불평불만이 많고 감사하는 마음이 적었던 사람이라도 책에서 제시하는 '21일 감사일기 작성법'을 통해 감사를 생활화할 수 있다. 행복하고 긍정적인 삶은 물론이고 취업, 승진, 인간관계 개선, 비즈니스 성공을 원한다면 땡큐파워를 만나보자.

오늘 당장 꿈을 실행하게 하는 30가지 동력!

지금 시작하는 힘

심상범 지음 | 13,800원

**나에겐 0%에서 시작하여, 상위 1%를 향해가는 힘이 있다!
당신의 인생을 바꿀 가장 완벽한 터닝포인트는 바로 오늘이다**

자신감 0%, 책임감 0%, 가진 것 하나 없던 평균 이하 직장인, 어떻게 사무실을 벗어나 수백 명 눈을 사로잡는 마술사가 되었을까? 마술처럼 인생을 뒤바꾼 10가지 원동력과 20가지 실행전략이 이 책에 담겨있다. 마술로 삶을 이야기하는 강연자이자 '매직&드림컴퍼니' 대표인 저자는 마술처럼 삶을 바꾸고 어제보다 더 성장하고 싶은 이들을 위해 책을 펴냈다. 마흔, 새로운 삶으로 도약하기 위해 마음속에만 품고 있던 꿈, 계획만 세우고 실천하지 않았던 목표를 현실로 바꾸기 위해 노력하며 얻은 깨달음과 실행 전략을 공유한다.

90kg 아저씨에서 수많은 직장인들의 롤모델로 성장하는 자기관리법!

기적의 50일

김성태 지음 | 13,800원

**건강한 몸으로 바꿔 자신감을 회복하는 데 필요한 시간 50일
50일 인생역전 프로젝트로 열정적인 삶을 경험하라!**

저자는 자신이 변화한 것처럼 더 많은 사람의 변화를 돕고 싶어 몸의 변화를 통해 인생의 변화를 경험하게 할 '미라클 50 프로젝트'를 완성했다. 자기 안에 긍정을 깨우고, 변할 수 있다는 자신감을 찾는 데 50일이면 충분하기 때문이다. 외적 변화뿐만 아니라 내적 변화까지 끌어내는 미라클 50일 일지를 작성하고, 운동, 영양, 수면을 관리하면 무겁게만 느껴지던 삶의 무게가 가벼워지는 것을 느낄 수 있다. 지금의 일상에서 벗어나고 싶지만 삶을 바꿀 작은 용기조차 내지 못했다면 미라클 50 프로젝트를 통해 기적을 경험해보자.

〈긍정심리 다이어트〉란 국제긍정심리코칭(주)에서 다이어트를 새롭게 정의한 말입니다.
다이어트는 먹고 싶은 것을 억제하고, 괴롭게 운동하며, 살을 빼는 것이 아닙니다.
〈긍정심리 다이어트〉는 몸과 마음에 이제껏 쌓여 막혀있던 노폐물들을 탈탈 털어내고,
즐겁게 먹고 움직이며 나 자신과 삶을 축복하는 것입니다.
가슴 뛰는 좋은 일들에 전념하며, 단순하게 잘 웃고 잘 자며 가벼운 몸과 마음으로
기쁘게 살아가는 것입니다.

Gift

〈어웨이크〉 독자에게 드리는 특별한 혜택!
국제긍정심리코칭(주)의
〈긍정심리 다이어트〉 프로그램

₩30,000 할인권

쿠폰 유효기간: 2017년 12월 31일까지